Luz

Pelo Espírito Altamiro

(psicografia: JAPER)

Ribeirão Pires - SP
Primeira Edição
2014

Caro leitor e querida leitora, este livro é dedicado a você.

Boa leitura!

Editores

editora
dionisi

A Lei de Direito Autoral

(Lei no. 9.610 de 19/2/98)
no título VII, Capítulo II diz:

Das sanções civis:

Art. 102 O titular cuja obra seja fraudulentamente reproduzida, divulgada ou de qualquer forma utilizada, poderá requerer a apreensão dos exemplares reproduzidos ou a suspensão da divulgação, sem prejuízo da indenização cabível.

Art. 103 Quem editar obra literária, artística ou científica sem autorização do titular perderá para este os exemplares que se apreenderem e pagar-lhe-á o preço dos que tiver vendido.
Parágrafo único. Não se conhecendo o número de exemplares que constituem a edição fraudulenta, pagará o transgressor o valor de três mil exemplares, além dos apreendidos.

Art. 104 Quem vender, expuser à venda, ocultar, adquirir, distribuir, tiver em depósito ou utilizar obra ou fonograma reproduzidos com fraude, com a finalidade de vender, obter ganho, vantagem, proveito, lucro direto ou indireto, para si ou para outrem, será solidariamente responsável com o contrafator, nos termos dos artigos precedentes, respondendo como contrafatores o importador e o distribuidor em caso de reprodução no exterior.

Contato com a Editora Dionisi:

www.dionisieditora.com.br

contato@editoradionisi.com.br

Luz

Ditado pelo Espírito

Altamiro

Psicografado pela Médium

Jane Arduino Perticarati

Ribeirão Pires - SP
Primeira Edição
2014

editora
dionisi

Editora Dionisi

1. ed.
1ª impressão: um milheiro

Capa: iDStudio de Arte e Comunicação
Editoração eletrônica: Fabio Alessio Romano Dionisi
Revisão: Jane Arduino Perticarati

Impresso no Brasil / Presita en Brazilo / Printed in Brazil

Dados Internacionais de Catalogação na Publicação (CIP)
(Câmara Brasileira do Livro, SP, Brasil)

Altamiro (Espírito).
Luz / pelo espírito Altamiro ; psicografia JAPER. -- Ribeirão Pires, SP : Editora Dionisi, 2014.

ISBN 978-85-67524-01-6

1. Espiritismo 2. Evolução espiritual 3. Mediunidade 4. Psicografia 5. Reencarnação I. Perticarati, Jane Arduino. II. Título.

14-00291 CDD-133.93

Índices para catálogo sistemático:

1. Mensagens mediúnicas psicografadas : Espiritismo 133.93

Editora Dionisi

CNPJ 15.340.668/0001-55 - I.E. 581.062.850.115

Rua Itália, 47 - Bairro Vila Dionisi - Ribeirão Pires - SP - CEP 09402-110

www.dionisieditora.com.br

contato@editoradionisi.com.br

Da autora e da Editora Dionisi

Esta obra não tem fins lucrativos. Conforme estabelecido em contrato, entre a autora e representantes legais da Editora Dionisi, os Direitos Autorais e resultados financeiros da Editora, com a publicação deste livro, se destinarão para uma, ou mais, das seguintes atividades:

– Divulgação do Espiritismo codificado por Allan Kardec;

– Obras de assistência ao irmão necessitado, em colaboração com o Recanto de Luz Pronto Socorro Espiritual Irmã Scheilla;

– Criação de um fundo para a construção de um Centro de Recuperação para Dependentes Químicos, na Região de Ribeirão Pires, SP.

Recanto de Luz – Pronto Socorro Espiritual Irmã Scheilla

Rua Áustria, 57 (Jardim Alvorada), Ribeirão Pires (SP), CEP 09402-080. Telefones: (11) 4823-4707 ou (11) 4268-0445. Caixa Postal 17 – CEP 09400-970 – Ribeirão Pires (SP)

Twitter: @pseirmascheilla

Facebook: Recanto De Luz Irmã Scheilla

Site: www.irmascheilla.org.br

O Recanto de Luz Irmã Scheilla é um Centro Espírita onde nosso irmão pode se beneficiar das atividades normalmente encontradas em qualquer instituição deste gênero: passes, cursos, reuniões públicas de estudo, palestras doutrinárias, etc.

Sem fins lucrativos, nada cobra pela ajuda, cursos e tratamentos. Seu objetivo principal é o exercício da caridade, de acordo com os ensinamentos de Jesus.

Visando auxiliar a todos os nossos irmãos doentes, independente de credo e raça, procura prestar serviços de tratamento médico-espiritual, através de seu pronto socorro espiritual.

Conta, ainda, com doações de alimentos, roupas e objetos, em boas condições de uso, que são encaminhadas para as casas de caridade, também sem fins lucrativos.

Agradecimentos da Editora

A Editora Dionisi vem a público para agradecer a gentil oferta da médium Jane Arduino Perticarati, por ceder os Direitos Autorais à nobre causa do auxílio ao nosso irmão necessitado.

Aproveita também para externar sua gratidão ao Espírito Altamiro e equipe pela consideração, por deixar-nos estas pérolas em forma de pensamentos.

No momento que passamos, em transição para um Mundo de Regeneração, com tantos conflitos presentes na humanidade terrestre, causados pela heterogeneidade moral e evolutiva de seus membros, estes pensamentos, transmitidos através da mediunidade para nossa reflexão, são mais do que oportunos.

Quiçá, através destes, possamos encontrar um norte em nossas vidas.

Editora Dionisi

editora dionisi

Sumário

Prefácio

Nas páginas do livro LUZ, o leitor encontrará uma exortação clara, esclarecedora e equilibrada de assuntos transcendentais e cotidianos.

O autor espiritual ALTAMIRO ressalta em quase todos os capítulos, que o homem é corpo e espírito e que veio ao plano físico com a responsabilidade do próprio aperfeiçoamento. Nesse aspecto, atenta para o fato de que assim como o ser humano exerce atividades para a conservação da forma física, deveria também fazê-lo para a evolução do espírito.

Toda alma guarda na memória espiritual seus laços com o passado que lhe serviu de experiência e base para etapas futuras. Daí lembrar-se dos sentimentos de amizade que nutriu ao longo da caminhada, o que é provado pela afinidade que sente por algumas pessoas. Ou, ao contrário, da aversão, se algum fato desagradável aconteceu entre elas.

É possível aumentar a percepção com a sintonia que se faz com o outro lado da vida. É então que o espírito sente a presença do Criador em todo o Universo e, mais profundamente, dentro do íntimo de cada um.

O homem nunca esteve abandonado à própria sorte. No transcurso do tempo, a espiritualidade enviou aquilo que o autor chama de "peregrinos espirituais" para insuflar ideias renovadas e esclarecedoras.

Altamiro lembra que na caminhada terrena existem altos e baixos. O homem na procura da felicidade encontra barreiras que dificultam esse intento, e o sofrimento físico e espiritual é o melhor meio de acordar a alma adormecida. Entretanto, as almas dóceis não precisam de árduas lições, pois alcançarão a LUZ sem ferimentos inúteis.

Em todos os capítulos encontramos conselhos para melhorar a autoestima, tanto para os problemas físicos, como para os espirituais.

Por fim, queremos salientar que o autor chama a atenção sobre a importância dos sentimentos mais sublimes, principalmente o Amor que sai do íntimo de cada alma. Fala do sentimento puro e desinteressado entre dois ou mais seres, nestas palavras:

"O Amor desvelado é aquele que se esquece de si, dos seus problemas e necessidades e se doa para a saúde, a paz e as necessidades dos semelhantes. O egoísmo se fecha, o Amor se abre; o egoísmo encerra, o Amor descerra as comportas; o egoísmo escraviza, o Amor liberta".

Inspire-se, amigo leitor, nestas páginas de LUZ para encorajá-lo nas suas grandes realizações.

Duilio Mandetta

Livros sugeridos pela Editora Dionisi

A História do Espiritismo. Da França de Kardec ao Brasil de Chico

Fabio Alessio Romano Dionisi

Espiritismo para iniciantes e iniciados

José Dutra

editora dionisi

Editora Dionisi

editora
dionisi

O amor

Nas dobras do tempo, existem sentimentos escondidos e inimagináveis. São resquícios de vidas que passaram, deixando saudades e lembranças.

A personalidade de cada um é formada assim, de retalhos ininteligíveis; experiências várias, amores vários, virtudes e defeitos vários. Tudo entretece o ser eterno. Difícil, portanto, entender um ser humano em sua totalidade: as costuras disfarçam o que realmente existe.

Não há meios de adentrar a Psicologia da Personalidade. Ela é inexpugnável. Por mais se tente entender, é muito difícil. Mas, há um meio de abrir todas as portas e desvendar todos os mistérios do próximo: é o Amor. Através dele, sendo imenso e excelso, consegue-se ver tudo que está adormecido ou esconso, em outro ser. Só ele desvenda os mistérios do outro, e de Deus. Só ele é capaz de entender, perdoar, relevar e extasiar-se diante da perfeição que julga existir naquele que ama. Só o amor perdoa tudo, enaltece, aprimora e, em se esquecendo de si, é capaz de milagres.

Em todos os tempos se exaltou "o milagre do Amor" em prosa e verso, em elegias e epopéias, em viagens magníficas pelo reino do ignoto. E também através de ações sublimadas de renúncia e desapego. Só o verdadeiro Amor é capaz de doar-se inteiro e, ainda assim, sobreviver pelos séculos afora.

O amor sublimado está tão no alto que jamais poderá comparar-se ao amor humano, cheio de exigências, e que é muito mais egoísmo do que sentimento afetivo. E onde impera o egoísmo, não há vida que resista expandir-se. Amor é luz e redenção, é ajuda recíproca, é a razão de viver, é Deus em cada criatura, é paz infinda.

Essência

Empresta a tudo que fazes, um pouco da tua essência. Deixa a tua alma impregnar as tuas ações e pensamentos. Não ajas feito um robô de plástico, insensível e cheio de automatismos controlados. Sê espontâneo e natural, e derrama a tua alma em cada atitude. Não há barreira que se não vença, combatendo com as armas da paz, da serenidade e do Amor. O silêncio é o precursor de tudo que existe: alimenta-te dele para que teu verbo seja expressivo.

Existem pessoas que, por comodismo ou preguiça de pensar, esgotam seus dias e possibilidades com enumerações várias dos seus problemas. Na verdade, muito poucos se interessam por eles... Tenta apenas ouvir o máximo. Reprime o teu impulso de dominar as palestras. Quem recebe os relatos alheios, sempre se enriquece.

Dentro de ti há uma essência que jamais se volatiza ou dilui. Ela persiste, à revelia dos teus cuidados, e perpassa os séculos inconcebíveis. Aprende a ter noção da força que te habita. É essa força que, em sentido figurado, remove montanhas. Saiba sempre distinguir entre as pessoas, aquelas que te amam e suspiram pelo teu Bem. Elas são como alavancas a te impulsionar no ritmo adequado.

A essência, em cada homem, é a presença de Deus. E, através dela, consegue-se a paz e a sensação de liberdade. O amor amigo é a carta de alforria para os escravos das banalidades convencionais. A essência, saturada de amor aos semelhantes, provoca milagres de comportamento. Já imaginaste o quanto a bênção de um sorriso amigo conforta o coração angustiado? Um abraço de carinho levanta as forças da criança e do depauperado. Um simples carinho, ou um aperto de mão, um beijo de solidariedade é tudo que os homens precisam nos dias atuais. Demonstrações de Amor leal e verdadeiro são raras. O mundo das aparências só consegue colher afagos fictícios ou convencionais. Sê tu como a Fonte da Essência Cósmica, e dá de ti, sem medidas ou limitações.

Laços

Nos meandros da memória eterna existem fatos que se nos tornam inconscientes, mas agem na conduta e em todas as manifestações materiais da personalidade. A profundidade de cada homem não pode nunca ser medida. Ela é formada de experiências diversas, muitos e muitos parceiros de jornada, influências infindas e incontáveis, laços de parentesco e amizade, desafetos e imensa quantidade de comparsas. No entanto, todos estão entrelaçados pelo destino comum, de aprendizado.

Em cada ser humano há memórias que ele jamais compreende porque não vêm à tona do consciente, mas conduzem os pensamentos e emoções em todas as circunstâncias perante a vida. Os laços eternos jamais se desfazem: alimentam, apóiam, direcionam. Essa é a função do Amor e não há ninguém isento. Amar é a prerrogativa divina para a superação de qualquer dor. Sabes que as vidas se sucedem. Quando olhas um cadáver compreendes a totalidade desta mensagem: ninguém nasceu para se tornar um peso inerte, desfigurado, pálido. A vida pulsa em cada célula e quando a roupagem não mais serve, é deixada de lado, despindo ilusões.

O corpo material, embora sublimado, é precário: tem função limitada, logo se esvai e termina seu curso. O que lhe sobrevive é eterno e sempre renovável. Desde os mais remotos tempos, alguns homens lúcidos compreenderam esta verdade simples e indispensável.

A transitoriedade da matéria contrasta com a eternidade dos laços espirituais. Estes jamais fenecem; continuam vivos dentro do coração e das lembranças. São os elos para a continuidade, a certeza do etéreo e indestrutível. Cada ser é fagulha de Deus a estabelecer liames de emoções e a eternizar-se em seus próprios limites.

Etapas

Nunca te desvies dos objetivos traçados anteriormente. Algumas etapas já foram vencidas com êxito, outras ainda, aguardam realização. Antes de deixares a bagagem material, precisas atingir e completar certas etapas. Não são difíceis, mas requerem persistência. Os objetivos referem-se à ajuda aos semelhantes e ao teu progresso pessoal. Todos chegam ao planeta com um roteiro do destino a seguir. Todavia, muitos se esquecem da premência de sua evolução e se anestesiam em fugas ou prazeres transitórios.

Quem se afunda em drogas, fumo, álcool, está fugindo ao seu próprio destino, está iludindo-se e deixa voar o tempo que lhe cabe. Nem imagina o quanto ele lhe é precioso: é o bem mais desejado por quantos se querem redimir. Uma etapa a mais, dentro da carne, com todos os sucessos, fracassos, tentações e ajudas é um bem que se esfumaça, e quem não o agarrar com ambas as mãos, ficará apenas com a inconsistência da própria vida.

Louva-se o desígnio superior ao dividir as experiências em etapas menores. Atingida uma, parte-se em busca da realização de outras; fica mais fácil atingir o progresso pouco a pouco. O objetivo inteiro assustaria qualquer um. Há necessidade de abolir preguiça física e batalhar pelo sucesso.

As fases da vida são abençoadas escadas. Em cada uma delas se deixa um pouco da poeira dos pés, e acende-se uma lâmpada para prosseguir. Não te atormentes se te parece que caminhas de modo lento. A pressa não constrói obras edificantes. O perfeito equilíbrio resulta da consolidação das virtudes, com o cimento da certeza. Como podes deixar as tuas conquistas estruturadas se não as firmas, se permanecem soltas no ar? Até as colchas simples, de retalhos, mostram a necessidade de costurar os pedaços. A tua libertação depende só de unir uma etapa à outra, uma vitória à outra, na eterna subida da redenção.

Percepção

É de suma importância estar atento aos sinais e intuições com que o plano invisível te alerta. Quanto mais desenvolvida a percepção, mais capaz te tornas de sintonizar-te e apreender os pensamentos daqueles que se encontram 'do outro lado' da vida, se bem que não existem dois lados, e a existência seja sempre um tecido inconsútil.

A percepção se desenvolve, como todas as outras habilidades, pelo uso. Em vão suplicarás entendimento se não te dispuseres a inquirir teu íntimo e pesquisar o rumo das respostas. Às vezes, elas se apresentam em fatos banais do quotidiano e, se não estiveres atento, não lhes perceberás o significado.

Percepção é canal aberto, sintonizado. Todas as indagações são passíveis de resposta, basta entendê-las. Não duvides, inclusive, da tua sabedoria interna. Dentro de ti estão todas as soluções: acorda-as e acredita. Se assim fizeres, estarás em plena consonância com todas elas.

Há muitos seres que jamais ficam antenados porque nem mesmo sabem que possuem antenas receptoras. Anestesiam-se e se impermeabilizam de tal maneira que lhes é impossível perceber as idéias que brotam dentro de si mesmo.

A percepção é passível de crescimento. Quanto mais a usares, mais colherás dos seus benefícios. Afinal, é muito melhor estar alerta - em vigília ou sonho - do que dormir nos domínios da fuga e indiferença.

Saibas utilizar todo o teu potencial! Não desprezes a provisão de bens que guardas no teu interior. A vida não é só dar braçadas de impulso, no mar encapelado, para auferir bens concretos. A vida deve se resumir, sim, no cumprimento dos deveres materiais, sem esquecer de reservar tempo e energias para aperfeiçoar a tua percepção e, através dela, auxiliar a existência dos demais.

Peregrinos

Em todo transcurso do tempo, sempre houve peregrinos espirituais no planeta Terra. São os enviados por forças superiores para dissolver as vibrações pesadas dos erros mais comuns e plantar novas sementes de entendimento. Eles são o prenúncio de dias melhores e, cumprida a tarefa, voltam para as suas moradas.

Por aí se vê que nunca o planeta esteve relegado à sombra. No meio da escuridão acenderam-se tochas, em todos os percursos.

O destino dos homens ainda estacionados na Terra é a evolução e, sem dúvida, esse é o destino de tudo e de todos. Não existe marasmo na obra do Criador. Tudo infinitamente se renova e cresce. Se, por acaso, algo ou alguém estaciona é para recarregar-se de forças e prosseguir.

O mal nunca terá oportunidade de estabelecer-se. Assim como cada homem é provido do DNA dos ascendentes, assim também a criação é provida do selo excelso de Deus.

Os peregrinos - seres já evoluídos e preclaros - continuarão a tarefa de esclarecer. Nada se perde e as energias jamais se dispersam. O Amor Espiritual, permeando toda criação, cuida para que a natureza esteja ligada e pronta para novas elucidações. Mesmo que, aparentemente, a dor e o erro predominem, a meta é sempre a concordância com os supremos desígnios.

É ilusão pensar que as divergências e desarmonias possam prevalecer. Elas se dissolvem, movidas por uma lei espiritual perfeita. Jamais deves duvidar, nem por um minuto sequer, da idéia da perfeição. O que importa é ter absoluta certeza de que essa lei vai agir sempre, em favor do Bem. Se assim o fizeres, moverás as energias cósmicas em teu favor, e em favor dos demais. Podes, inclusive, no futuro, em tuas andanças, ser um dos peregrinos. Confia! A crença é ainda a energia insuperável que move montanhas.

Dois

Uma tarefa realizada a quatro mãos é como a melodia de um piano: bela e unívoca. O que se faz em companhia, dividindo responsabilidades, repartindo emoções, é sempre algo firme e sólido. Em todos os tempos, houve necessidade de partilhar responsabilidades. E aqueles que se unem, estendem sua tarefa e afetos pelos que compartilham o seu círculo. Essa é a melhor semente da fraternidade: dois seres que se firmam em comunhão e depois estendem-se em comunhão com os demais

Todas as tarefas previstas são mais fáceis de realizar quando há apoio mútuo, quando ninguém falha em seus compromissos, quando há verdadeiro comprometimento. As missões se tornam menos ásperas quando a luz da colaboração amplifica e enobrece. Só quem já se pôs, em conjunto, ao serviço de uma causa, é capaz de conceber a força e a eficácia do encontro.

E a humanidade inteira anda em busca da complementação. Se os objetivos comuns ficam de mãos dadas, a alma se posta de joelhos, em oração pela alegria. A força do Amor de dois seres é o início de um AMOR MAIOR, capaz de milagres e sabedoria.

Nunca se deve subestimar o valor do começo, e iniciar a dois prevê muito mais força na continuidade do caminho. A grande Lei da Atração abarca os mais desencontrados estados evolutivos. Em todos os cantos do universo se celebra a harmonização, começada apenas com dois pequenos 'orquestrantes'. No sentido da evolução é muito mais produtivo trabalhar em conjunto do que em solos.

A grande certeza procurada, o autoconhecimento, a sabedoria, a fé e a razão se encontram nesses núcleos dúplices, capazes, entanto, de se estender em direção ao todo. Partilhar é vencer barreiras e poder sorrir, muito acima de todas as possíveis dificuldades.

Limpidez de conduta

Envias contínuas mensagens através do pensamento e da emoção. São vibrações que se alargam e abrangem grande número de pessoas e coisas, suscitando vibrações idênticas, em retorno. Ainda poucos se dão conta de que são emissores de ondas. Se estivessem atentos, tomariam mais cuidados.

Na atualidade, em quase os cantos do planeta, existem aparelhos eletrônicos captando energias e imagens. Nota-se que a privacidade individual não mais existe. Todos os homens estão à mercê do conhecimento alheio. Então, logo mais, os pensamentos e sentimentos serão captados por todos. Não haverá possibilidade de esconder, e os atos escusos virão à tona, antes de virem à luz. Essa é a situação ideal, sem dissimulações ou hipocrisias.

Alguns replicarão que o terreno privativo é a posição ideal da liberdade que foi dada a cada homem. E eu contestarei que o espírito evoluído sente-se feliz em poder usar extrema franqueza, e ser o que aparenta ser. Não existem artifícios capazes de esconder o caráter. A vida sempre se põe à frente, para desmascarar e pôr diante da realidade, as mais íntimas intenções.

No plano espiritual mais evoluído, nem há necessidade de palavras. Todos expressam seu modo de ser através de vibrações. Desta forma, a autenticidade é preservada e os verdadeiros valores se impõem. É por isso que no atual estágio evolutivo tantos enganos se cometem. O manto carnal às vezes usa subterfúgios para esconder, à revelia do seu dono.

Na vida social e afetiva, a limpidez de idéias e conduta deve prevalecer: sem nenhum engano. A verdade é sempre lei suprema e, com ela, ninguém é capaz de mentir, trair ou adulterar. A água cristalina jamais se tolda. E todos se dão em extrema pureza de ações.

Impermanência

Todos pedem alívio aos céus. As cargas a suportar vão, muitas vezes, além das forças presumíveis. Os fatos se apresentam como avalanche, ameaçando soterrar as mais íntimas esperanças. Porém, na realidade, são apenas aparências e não concretude. Eles se dissolvem e, passados os momentos difíceis, fica fácil compreender que nada permanece. A impermanência é o selo de todas as coisas e de todos os eventos. Sob este ponto de vista, fica mais fácil aceitar as dificuldades do caminho.

O homem, ciente de que a sua própria passagem pela Terra é apenas transitória, não tentará jamais se impor com prepotência. Sabe que, ele mesmo, é manifestação de forças que desconhece, e uma peça singela na grande engrenagem. Sua atuação é apenas restrita e provisória. Sente-se impotente ante o augusto mistério que o criou.

De que vale rebelar-se, entrar em desarmonia, provocar atritos múltiplos e desgastantes? O silêncio é a grande arma capaz de vencer a todas as batalhas. Não o silêncio orgulhoso que afasta, mas o silêncio piedoso que perdoa. Nada subsiste à calmaria de um lago sereno.

Mantém-te em silencioso e nobre estado de alerta, vigilante, atento, desprovido de vaidades inúteis. Não queiras dominar as circunstâncias. Espera a ocasião de falar moderadamente. No imenso turbilhão de idéias agressivas, encontra o meio de assimilar o que te faz bem ao coração.

Não te deixes desgastar, porque após o desgaste do desencanto, vem a ferrugem, apegada à tua essência. E a ferrugem corrói as mais íntimas fibras. Nunca te permitas a desilusão dos reais valores. A impermanência da existência terrestre te leva a pôr os pés no chão da realidade. Deves alcançar vitórias e valores acima e além de ti mesmo, e então vencerás no transcurso da tua passagem atual pelo orbe.

Semear serenidade

Sorvo a essência de luz e sei que, nos caminhos a percorrer, hei de encontrar a paz semeada. Se em tudo há infinita troca, não há meios de escapar à divina lei. Se dás, recebes. É inequívoco.

Assim, também, é com tudo que vale a pena, no decurso do existir. As vibrações de harmonia geram outras, de igual teor. O pensamento impregnado de rancor e desencanto, também gera desencanto e dor. Até nos fatos mais simples da natureza se constata que há uma razão básica para tudo que acontece.

Quem não quer se dar ao trabalho de filosofar, basta entregar-se à observação atenta de tudo que se passa ao redor. A natureza é a mestra maior: observa. Nem precisas de mais lições ou reflexões desmesuradas. Tudo está claro diante dos teus olhos.

Serenidade é o estado de espírito de quem já se encontrou. Quem anda debruçado em si mesmo, deve desprender-se, e auferir as lições impressas no quotidiano. Não há maior Universidade do que a própria vida.

Entretanto, a maioria dos homens anda em busca de emoções: só o inusitado lhes chama a atenção. O que se repete, século após século, não mais motiva. Deseja-se encontrar "o diferente", o fato novo que desperte a atenção, e a serenidade do verdadeiro significado acaba por adormecer, dentro de cada um.

Sempre se soube que semear paz é certeza de farta colheita. Embora alvoroçados pelo encontro de aventurosas descobertas, todos preferem a segurança. Os atrativos de invenções filosóficas ou científicas acabam por cansar e desiludir. Quer-se o progresso, sim, mas antes dele deve vir a estabilidade.

O espírito eterno nasceu para a certeza do equilíbrio emocional e maduro. O pueril comportamento acaba por desnortear. O compromisso maior deve ser, sempre, com os iluminados caminhos da paz.

Imponderáveis forças

Nos redutos mais esconsos da alma, permanece, intocável, a antiga ternura com que fomos criados. As asperezas da caminhada muitas vezes a diluem ou escondem, mas ela permanece indestrutível, como presença da origem.

Todos os seres humanos têm esta marca, e nunca hão de livrar-se do seu destino amorável e sábio. Em vão tentará o homem rebelar-se contra si mesmo e batalhar pela vitória de vibrações outras. Por mais se empenhe no Mal, nunca há de se desfazer do sinal de Deus. Por mais rude seja a criatura, por mais desfigurada por comportamentos indignos, sempre há a possibilidade de retorno. Se observares uma pedra bruta, áspera, enrugada, escura, hás de notar que bem no imo, há uma gema de valor incalculável, preciosa presença.

Nunca se pode duvidar da magnanimidade das leis que nos regem. Se pensarmos que os panoramas mais sombrios e tortuosos também irão se transformar em beleza e perfeição, então não se descuidará de acreditar na força do Bem.

Todas as possibilidades estão disponíveis, à espera. A certeza maior é a de que o Amor ao próximo, e o estender das mãos operam maravilhas. Então as certezas se dilatam e transformam até mesmo as situações mais concretas.

É inegável que forças imponderáveis podem agir sobre a matéria. Dessa forma, há inúmeras possibilidades de transformações no panorama físico e mental. E é inegável, também, que vibrações concretas podem agir sobre o psíquico. Há uma intercomunicação, e um balanço perfeito e equilibrado de energias. Estar ciente delas é poder manipulá-las melhor. Acordar é imprescindível. Quem adormece nas malhas da evasão, distraído e inconsequente, nunca há de chegar ao mais profundo da realidade.

Preparação

Não há nenhuma dúvida de que os valores espirituais são os que valem a pena; os demais são muito provisórios, tanto como é o corpo de carne. O que é feito de matéria, à matéria voltará. O que é feito de espírito, ao espírito retorna. Lamentável que muito poucos cheguem às exatas conclusões da vida e só se aproximem da verdade quando estão nos derradeiros dias do existir físico.

Por que não há preparação para o retorno ao Lar? Quando devem fazer uma viagem longa, os homens às vezes se preparam por anos e tomam providências, em pormenores. Por que não se faz o mesmo, em relação à própria sorte? Como partir sem preocupações? Os espíritos precavidos pressentem quando a sua vida material está chegando ao fim e não deixam atribulações para os que ficam. Resolvem, por si, as menores questões. Despedem-se de mais uma experiência, com certeza do próprio porvir.

Há muitas passagens pela vida material. Em cada uma delas se deixa, em testamento, palavras e exemplos. Os espíritos são lembrados, depois que partem, entretanto, depois de algumas décadas as lembranças se diluem na memória dos que ficam.

Cada pessoa é entretecida de recordações várias, que sempre estão dentro de si: são imagens, vozes, vultos, músicas e objetos vários. Isso tudo também acaba se desfazendo. Apenas algumas lembranças permanecem, mas não dentro da matéria, mas no existir eterno.

Conquistar a idéia da transitoriedade da experiência terrestre é se preparar adequadamente, para a inevitável "morte", e viver sem atropelos, ou preocupações. O planejamento facilita a vida de qualquer mortal. Sem ele perde-se muito mais tempo nos véus indecisos da passagem para o outro plano.

Certeza

Certeza da vitória do espírito sobre as forças materiais é, sem dúvida, grande meta a ser alcançada. No momento em que isto acontece, a vida ganha novo significado: as dores se amenizam, as dificuldades são mais facilmente transpostas, o mundo é mais humano e menos áspero. Essa certeza não é conquista fácil, demanda séculos de experiências. No entanto, ao fim e ao cabo, sempre se renova, dentro do espírito, a finalidade do seu existir: a evolução.

Os que desandam em suas convicções acreditam que o supremo poder de decidir está em suas mãos. Ledo engano! Apesar de ter sido criado à imagem e semelhança do Pai, seus poderes são limitados, enquanto não acorda. A própria matéria em que está imerso o debilita. Muitos só conseguem idealizar Deus depois que desencarnam.

Mas, a certeza do eterno evoluir, da filiação divina e do destino generoso destinado a cada criatura é que o faz vencer as limitações. De posse da certeza, todos se enriquecem e não mais se apequenam diante dos obstáculos. São maiores do que todas as dificuldades.

As moléstias são, geralmente, alavancas a impulsionar para o autoconhecimento. Os que se debilitam, materialmente, têm mais força psíquica para vencer os obstáculos. As doenças são a grande depuração da alma, como um banho de ácido que queima, mas traz à tona a epiderme nova.

Não te deixes preocupar com as mazelas da tua experiência terrestre. Elas são transitórias e visam altíssimos fins. É difícil enxergar, na ferida, a porta de acesso à redenção. Seria desejável que o progresso viesse através de suaves meios. Porém, quando a terra está endurecida, é preciso feri-la e escavá-la para que se torne propícia ao plantio. As leis são perfeitas. Agradeçamos por estar norteados por elas!

Adquire a certeza da suprema sabedoria, companheiro!

Ascensão e queda

Tenha paciência, sempre, para enfrentar todas as dificuldades do existir. Não penses que os espíritos mais evoluídos não passem, também, por certas agruras. Elas são presentes enquanto não se extirpa toda sombra de negativismo. A dor e a imperfeição estão intimamente ligadas. Até que se atinja o nível da santidade relativa é necessário sofrer um pouco, para evoluir cada vez mais.

Perguntarás: é possível atingir a plenitude espiritual através da alegria? Na verdade, direi que ainda não. A felicidade absoluta não leva à aferição de valores e ao conhecimento das grandes leis da vida. Só quem sente o coração pesado pode avaliar o sofrimento alheio, para estender as mãos. Ninguém compreende o que nunca sentiu. O próprio Cristo mostrou essa verdade, sofrendo os horrores que sofreu. Mas ele é, também, o exemplo cabal de serenidade diante da dor. Deu-nos o exemplo. Ensinou-nos através de palavras e atitudes.

Nos momentos de dor nos aproximamos de grandes verdades, porventura olvidadas. As maiores indagações também se fazem quando avaliamos a própria pequenez. É então que a humildade floresce e perfumamos a vida.

Através de todos os tempos, sempre houve ascensão e queda. Toda subida é paralela. Não existe verticalidade absoluta. E assim é para que não vivamos isolados, dentro de uma capa de imaginário progresso. A individualidade é egoísta e sempre separa as criaturas. Viver sozinho, física ou psiquicamente, é o começo da queda. Compartilhar é a grande lei.

Se já sabes a excelsa aparência de tua alma imortal, prepara-te para aceitar as circunstâncias agradáveis ou desagradáveis do caminho. Todas elas contêm ensinamentos. Se extraíres delas as melhores conclusões, terás aproveitado o concurso dos planos superiores, em teu favor.

Tenta apagar do rosto a preocupação. A dor é necessária ao teu progresso.

Nunca proteles!

As mazelas físicas devem ser tratadas. Um corpo desprovido de forças não pode servir aos propósitos divinos. Assim como chegam os desconfortos, assim deve ser a tua atuação: rápida e precisa. Não adianta adiar problemas, nem insistir em pôr venda nos olhos.

As dificuldades do corpo custam a se instalar: elas provêm de longe e quase sempre estão ligadas a fraquezas do espírito. Não adianta curar a matéria, deve-se buscar a causa. Ela está escondida no infinito tempo, em experiências passadas e talvez mal aproveitadas.

O dia de hoje é o momento ideal para seguires as intuições que te são dadas, a respeito da tua saúde. No íntimo, sabes exatamente o que precisas, o que te faz bem, ou mal. Não adiantam mil compêndios científicos. O importante é agir de acordo com o próprio discernimento. A sabedoria nos foi dada gratuitamente e está à espera de realizações conducentes.

Ninguém está à deriva, nos encapelados mares da vida. Sempre há uma luz dentro de cada homem, indicando-lhe o rumo. Basta estar atento. Não há mistérios na Grande Lei. Ela é sábia, aos olhos percucientes.

Tudo de que és formado, material e espiritualmente, é obra perfeita do Criador. Não deteriores as tuas prerrogativas, com nenhuma espécie de adiamento. Neste exato instante, podes mudar o rumo do teu porvir. Acredita nas forças de que és formado: elas são perfeitas e podes segui-las com destemor.

Nunca proteles a oportunidade de ser feliz. A paz não é utopia. Mas nunca te acomodes à inércia, à espera, ao ilusório sonho de realizações milagrosas. Age por ti mesmo, em busca das soluções. Se assim o fizeres, verás quão ilimitada é a benemerência de tudo que te cerca, e lembra-te, acima de tudo: um filho de Deus, tem assistência completa.

Vigilância

Compenetra-te da tua responsabilidade, como cidadão do mundo. Não há ninguém que venha ao planeta para passar férias, mas para dar do seu trabalho e evoluir. Se já te compenetraste de que estás aqui apenas de passagem, então os teus cuidados serão redobrados, em relação à vigilância. Esta foi uma virtude apregoada desde os primórdios. "Vigiai e orai" não é utopia.

A fugacidade do tempo é logo reconhecida. Mas o tempo é eterno e não passa; os homens é que passam por ele, o demarcam e deixam suas marcas. Cada vida material desenvolve determinados predicados e objetivos. E se leva de cada uma delas o saber acumulado que se chama experiência.

Quando há uma sabedoria inata, ela nada mais é do que colheita de ontem. Foi dito e repisado que a semeadura é livre, mas a colheita é obrigatória. Portanto, cumpre à responsabilidade de cada homem, aproveitar o que trouxe do vivenciar contínuo, e deixar no plano terrestre a sua contribuição. Não há dúvida de que existem forças que te auxiliam, e outras, antagônicas que te levam a cometer desatinos. Essas energias exigem de cada um, muita atenção para os seus pensamentos e atos. Não é possível deixar-se levar, como objeto flutuante, pela força das águas.

O automatismo, se de certa forma facilita as ações, por outro lado as delimita. Não é fácil, mas necessário estar alerta para a própria vivência, disciplinar a conduta, corrigir as falhas e escolher sempre o melhor caminho. Este, não leva à sonolência espiritual, à madorra das prerrogativas energéticas. O melhor caminho é aquele que induz à superação das fraquezas; exige doação e empenho, atenção em tudo que se faz. Não nos cabe acreditar em facilidades. Tudo exige esforço de superação. As pedras e os percalços são inevitáveis, porém a tua vigilância te desviará de tudo que faça estacionar teu curso.

Amar, energia superior

No imenso perpassar das vidas todas, existe sempre a presença de algo inconsútil e além das medidas naturais do entendimento. O universo amplo, e ainda inconcebível é o fruto da energia superior. Nenhum movimento sequer escapa à determinação de leis sábias, perfeitas.

Os homens estão interligados por essa energia originária. É por esse motivo que não podem ascender sem levar consigo os que lhe estão próximos. A afetividade provisória e fugaz se transforma em fraternal sentimento eterno. Os laços se apertam, consolidam, e levas e levas de almas, juntas, atingem os patamares esperados.

Nos laços mundanos e sociais existe muita simpatia gratuita, de interesses. Onde estará o coração nesses encontros? É preciso buscá-lo. Uma pequena atração espiritual já demonstra a propensão de crescer e firmar-se. Não há equívocos, nem acasos. Todos os que se encontram estão, de alguma forma, ligados. E é assim que se vai formando uma nova aura no planeta. A vibração dos que o habitam é capaz de dissolver desavenças e individualismos.

Há homens capazes de doação, mas ainda mergulhados no egoísmo natural à espécie humana. Só quando aflora o Amor Verdadeiro há condição de altruísmo e renúncia. Ele é pura doação, esquecimento de si, dádiva, encantamento e paz. Se todos imaginassem o poder dessa força divina entregue a cada um, com certeza iriam cultivá-la melhor porque é a origem do bem-estar, da alegria e da libertação.

Por enquanto, o querer-bem é toldado de apego, distanciamento das mais simples virtudes cristãs. Quando o Amor Universal, permeando o cosmos, se apossar do íntimo, as lágrimas secarão. O sorriso há de cantar aleluias. A paz há de reinar e então o progresso será ininterrupto e concreto.

Evolução

Enobrece as vibrações que emites. Sejam elas em favor de um mundo melhor e mais humano, sem descalabros como o atual. Os homens conseguem toldar as suas mais íntimas raízes com os comportamentos vis de luxúria, egoímo, egocentrismo, falsidade de caráter e de intenções. Mas, dentre eles, há os que não se nivelam e permanecem ligados a nobres princípios. O ilibado ser que já sobrepujou as fraquezas pessoais, serve para nortear os demais na direção adequada.

Aqueles que já evoluíram o suficiente, arrastam os irmãos para a compreensão de si mesmos. E, no evoluir do planeta continuam o seu papel de medianeiros do progresso. Os que se rendem às evidências, acordam dentro de si as melhores intenções e pouco a pouco transformam-se e superam as próprias fraquezas. Entretanto, se não o fizerem, e permanecerem renitentes aos apelos do Bem, não serão abandonados. Serão levados a novas salas de aula, a novas experiências e comportamentos. Então serão transferidos para a compreensão do Bem Maior.

A sabedoria divina é infinita, inimaginável, ampla demais, para caber nos estreitos limites do atual entendimento. Não há mesmo como conceber tantas minúcias de perfeição. Só quem está atento o consegue, em parte. A generosidade é marca divina.

Os diversos planos evolutivos são educandários. De modo suave ou abrupto, todos se rendem à disciplina do progredir. Esse é o intuito e o objetivo maior. Os mundos se dispersam no espaço, dando oportunidades a todos. Quem ainda não sintonizou a perfeição, não consegue arrastá-la para dentro de si. É preciso atrai-la e merecê-la.

Oh! meu amigo e companheiro de jornada, a ti apelo para a conscientização do teu estágio atual, dentro do Universo. Só assim será possível divisar, com clareza, o longo caminho que te espera para seres completamente realizado.

O corpo físico

O arcabouço da carne, sem dúvida delimita a ação do espírito. Só quando se vê liberto da matéria ele consegue expandir-se em toda a sua força. Não se imagina que os liames físicos encarcerem, tirem a liberdade. O espírito está dentro dele e muitos realizaram proezas, mesmo sob o jugo das células físicas. A vestimenta de carne é um prêmio e exaltação ao aprendizado; há noções que jamais seriam aprendidas de outra forma. Agradece a Deus pelo teu corpo: dentro dele hás de vencer muitas barreiras.

Quando alguém está no plano espiritual, vive fazendo planos em relação à próxima vivência em um planeta concreto. Sabe das dificuldades, mas se prepara como para uma viagem, ou o ingresso num colégio onde possa aprimorar-se. Então, as alegrias e as decepções se sucedem, fazendo brotar risos e lágrimas, até que se aprende a libertação dos mais obscuros e irrevelados pensamentos negativos.

Dentro da matéria, há sempre o encontro do que se plantou, algures. Porém, qualquer dificuldade suscita o progresso e a iluminação do espírito.

A luminescência ou a radiação não nascem de um átimo. O perpassar dos dias e das experiências acendra as qualidades adormecidas e então há o resplendor do amanhecer. O sol pujante se mostra em todo o seu viço iluminando a todos que o compartilham.

As trevas do desencanto apenas ousam impor-se nos corações fechados à realidade da harmonia cósmica. Quem está aberto sabe encontrar e fazer entrar dentro de si as belezas que santificam e removem as aflições. O teu rosto precisa irradiar a paz, não importam as dificuldades. Se sentes falta de amor e aconchego, primeiro ama, compreende e chega bem perto dos que te são próximos. Se o corpo físico tem amarras, rompe-as. A aproximação do calor te fará florir em sorrisos de luz.

Magnetismo

Distúrbios físicos e mentais são sempre sinal de desarmonia. No plano espiritual, eles são sinais de fraquezas no perispírito. Há sempre uma causa mais concreta para o que desequilibra o íntimo do homem. É preciso atinar com as causas para poder debelá-las.

Não só os sentimentos negativos, de ódio, rancor e mágoa afetam o psiquismo. Também a depressão, a tristeza crônica, o desânimo e a falta de encanto para viver acabam toldando as melhores expectativas. Isso tudo pode ser curado com vários tratamentos alopáticos, mas, principalmente, com o magnetismo e a limpeza da aura.

As Ciências evoluíram muito, e o que era apenas intuição, hoje é realidade. Há, sim, forças invisíveis impregnando tudo e todos. Quem está ciente dessas energias, pode controlá-las.

No passado remoto, usavam-se exorcismos, orações mágicas, velas, plantas, enfim, uma série de recursos para afastar os males presumíveis. Até entre as comunidades indígenas, o pajé tinha forças para afastar doenças, com suas rezas quase ininteligíveis. Hoje também se sabe que o importante não é o "meio" em si, mas a energia vibratória que o acompanha.

É por esse motivo que existe a necessidade de estar consciente. Quem está cercado por energias tão sutis, deve precaver-se mental e espiritualmente para adentrar qualquer recinto, e antes de encontrar-se com determinadas pessoas. Há aqueles que são bondosos e não nos querem mal, mas possuem olhares inconscientes de inveja, e isso faz muito mal.

O magnetismo positivo é sempre força que levanta e anima. Portanto, emite tu também essa força, em favor dos teus semelhantes. Pensamentos de amor e paz reforçam a tua presença. Auguramos-te o bom uso das tuas energias magnéticas...

Diálogo

Distúrbios mentais atazanam a vida em comum. A desconfiança, o ciúme, o exclusivismo levam a comportamentos obsessivos e irrelevantes. A harmonia é indispensável para a paz de todas as pessoas. Se não existe sintonia de pensamentos e sentimentos, a convivência entre os seres humanos se torna intolerável.

Acreditar nas virtudes do próximo é indispensável. Em todos os setores da sociedade, sejam eles econômicos, políticos ou pessoais, é preciso entendimento recíproco. Se este não existe, a paz desanda e abre brechas de incomunicação. E sem diálogo, não há mais interesse em qualquer união.

A troca de pensamentos e vibrações afins é a base de qualquer entendimento. Quem se retrai ou fecha no silêncio está abrindo abismos e erguendo barreiras. Seja no lar, na política, nos empregos, sem as palavras é impossível o entendimento. Se não consegues expor o que sentes, porque te pressionam, então é preciso mudar a tua conduta. A sabedoria das conversas é uma arte que se aprende. Os vocábulos insensatos, impregnados de animosidade, podem destruir qualquer relacionamento. Quando há bondade, há também entendimento, compreensão do outro, seja o cônjuge, o amigo, o chefe, o aluno ou o subordinado. Qualquer som, impregnado de paz, estende pontes e abraça o semelhante.

As conversas são trocas de mensagens, observações, experiências, carinhos, cuidados. Se demonstras esses dons em teus diálogos é sinal de que já aprendeste a grande arte da comunicação. Teria Jesus, e outros luminares, exercido tanta influência senão com as palavras que deixaram como herança? Tudo aquilo que pronunciares ficará retido nas células espirituais dos teus semelhantes. Fala com sabedoria! Dá e recebe as tuas mensagens impregnando-as de Amor. Assim serás o supremo vencedor de ti mesmo.

Finados

Reverenciar os que já partiram para o mundo espiritual, é tarefa repetida, desde sempre, principalmente pelas famílias apegadas às tradições. Diz-se que "os mortos" não voltam. Ilusão! Quando são reverenciados, aproximam-se e sentem-se felizes com a homenagem. Os que não são lembrados, fazem-se lembrar por mil maneiras, mas sempre acordam lembranças nos espíritos que ficaram na crosta.

Qual seria a melhor forma de alguém aproximar-se de outro que já está separado da matéria? Evocando passagens felizes, agradecendo, pedindo ao Pai por ele. Não existem fórmulas: deixe falar o coração.

As questões das chamadas "vidas e mortes", sempre intrigaram todos os homens. Muitos se perguntam, avidamente: como será depois? Não há segredos: a vida igual continua, com os mesmos trabalhos, preocupações, necessidades afetivas, ideais e mesmo falhas. A evolução não cessa.

Se esperas alcançar situações melhores, não aguardes o porvir; realiza agora. Não te eximas de sonhar os mais belos planos. E quando chegares ao etéreo, teus projetos já estarão consolidados.

No lugar de celebrações tristonhas ou fúnebres, tenhas festa na alma. A eternidade te visita e dá as boas-vindas. Não há barreiras: podes te comunicar mentalmente com aqueles a quem tens afeto. Queres maior bênção? A vida, apreciada assim cria novos padrões de valores, tendo a ilusão da durabilidade como item descartado. As grandes nações, os impérios, os faustos, os turbilhões de orgulho e prepotência são apenas visões fugidias, dentro do grande Universo.

Sabes que só são estáveis os elos de Amor, Confiança e Solidariedade. É a estes que deves apegar-te. Se deres valor ao fugidio, ele te escapará das mãos. O "Dia de Finados" é o "Dia dos Sempre Vivos". Não confundas! O Amor permanece por todo o sempre!

A alma eterna

O tesouro maior do ser humano está na sua essência invisível. Ao olhar o corpo físico, alguns têm a impressão de ter visto tudo. Quanto se enganam! É por conta desse engano que vem a profunda desilusão quando alguém envelhece e morre. Acabou tudo? Foi apenas uma ilusão de ótica? Que sentido tem a vida, nesse caso?

Só quando se está de posse da certeza da alma se tem consistência suficiente para aceitar e entender as limitações do corpo. Observa bem: além da aparência concreta, o ser se manifesta em inteligência e sensibilidade, raciocínio, sentimentos, ilações... Tudo isso não pertence à matéria. Está além dos teus sentidos denunciadores do concreto e perecível. Penetra, com teus olhos percucientes, além da carne. Encontrarás a alma eterna.

Se todos lidassem com os semelhantes como seres espirituais, programados por Deus para a virtude, belos e simples em sua consistência, então seria mais fácil a interação entre os seres.

O imediatismo dos fatos concretos, leva ao descuido da visão total. Até os mais simples objetos são apenas visões de concretude, pois são feitos de partículas semoventes, pura energia. Visto assim, o panorama do mundo apresenta novo significado.

O universo dos átomos ainda está por ser desvendado por completo. As moléculas aí estão à espera de quem as note. Todos os estados físicos e espirituais são revelações de incógnitas à espera do desvendamento. A força da energia comanda todas as estruturas.

A alma é energia que vai além e se expande infinitamente, em saber e bondade. Habita outros orbes, distancia-se, mas retorna para abrigar seres afins. Tem ânsia de completude. E é sempre movida por imperativos que ainda desconheces. Porém, não desanimes. A tua alma imortal tem sede de sabedoria e, pouco a pouco, conquistarás o necessário para conhecer todos os mistérios da vida.

Preocupações

Não te sobrecarregues de inúteis preocupações. Se bem analisadas, todas elas são apenas acréscimo na mente despreparada. Quem tem nítida certeza das forças espirituais, jamais se amedronta ou preocupa: confia no ilimitado poder que o nutre. Entrega-se à certeza da paz, do bem, da saúde, da prosperidade e da harmonia. Esses são os sentimentos capazes de elevar o espírito.

Preocupar-se é ocupar-se ANTES, de fatos que talvez nunca venham a acontecer. Aliás, a maioria dos sofrimentos psíquicos poderia ser evitada, se houvesse mais confiança no poder superior. Tudo aquilo em que os homens pensam, de maneira negativa, estabelece um fluxo pesado ao redor do planeta, uma aura inconfundível que será diluída, um dia. Por enquanto, todos os homens, mesmo os mais esclarecidos, ainda têm problemas de preocupação, com os mais diversos assuntos.

Se posto na verdadeira dimensão, cada fato assume característica própria e acaba dissolvendo-se por si. Até os grandes governantes e os líderes, têm momentos de fraqueza. É por isso que são constantemente assistidos pelo plano espiritual. Quanto maior é a responsabilidade de quem dirige, mais precisa livrar-se de preocupações inúteis.

É difícil pensar de forma positiva? Não, tudo depende de treino e exercício. Quem se esforça, sempre consegue dominar influências contrárias e afinar-se com o Concerto do Bem Universal. Tudo é simples questão de sintonia. Deves procurar no dial da vida, aquela estação adequada às necessidades de evolução. Conseguir sintonia fina, nítida e sem ruídos, é o escopo.

Todos os homens são emissores e receptores de vibrações. É possível preparar um futuro risonho se aprendeste a vibrar em harmonia com a energia cósmica superior. Para tanto é preciso também, comportamento ético adequado, diretrizes bem definidas e, acima de tudo, a sabedoria que vem da certeza ímpar – unção inigualável da alma.

A grandeza do todo

Feliz de quem desperta cedo para o dia espiritual, e tem noção da grandiosidade do Universo. Só ante a grandeza do todo se pode compreender a parte. Só dentro da humanidade se pode compreender o homem. É por isso necessário ter nítidos conceitos e situar-se de acordo com a realidade.

Quem acorda para o excelso plano etéreo pode entender o que se passa no seu próprio íntimo, e no dos demais que o cercam. Como pode alguém conhecer o que se passa no íntimo alheio se nem conhece a si mesmo? A observação sempre diz grandes lições aos ouvidos avisados. É no convívio atento que se aprende a discernir a natureza humana, suas grandezas. Sabe-se o que se pode esperar de cada um, sem ir além da natureza.

Estar inserido na totalidade do cosmos é auferir bênçãos de sutil entendimento. Nada se acrescentará a quem ainda está dentro. Ele então poderá sair de si, ao encontro dos demais mortais. Seu olhar será abrangente e cheio de sabedoria. Não mais se fechará em suposta superioridade. Saberá que é apenas um "igual", com os mesmos anseios e as mesmas ignorâncias. E, ao aprimorar-se, vai despertando para novas visões e tarefas humanitárias.

Quando se percebe a grandiosidade do todo, percebe-se também o precário evoluir pessoal, e deseja-se mais e mais a completude, a exaltação das virtudes, a anulação dos mais simples defeitos. Essa é a tarefa do existir: limar, aplainar arestas, tornar luzidio o contorno de cada um. Mas, só quem se deixa apanhar docilmente é então burilado e pronto para estar nas mãos da perfeição e confiar plenamente no sucesso espiritual. A grandeza da Totalidade é exercer profunda ação transformadora em cada um e no mundo.

Não te apegues às aparências. Vai fundo à raiz da certeza e teu espírito há de viçar em flores e frutos de luz.

O estado interior

Desejar paz a outrem é a certeza de que se possui paz dentro do íntimo. A verdade é que ninguém pode ofertar o que não tem. Todo bem é fruto de sazonadas messes. Quem deseja harmonia, deve primeiro cultivá-la. Como pode o mar revolto permanecer em silêncio? Como pode a tempestade rugir menos?

O ato de aperfeiçoar-se advém do exercício constante. Em cada novo dia é preciso conquistar determinados objetivos: paciência, altruísmo, desapego e paz são os pilares do começo. Toda edificação exige planejamento, e toda ela começa do primeiro tijolo, da primeira argamassa. Não há como fugir da lei evolutiva.

Observa-o dentro de ti mesmo: está ele livre de pensamentos mesquinhos, ganância, pessimismo? Já sabes lidar bem com todas as situações da vida? És capaz de permanecer isento às vibrações menos dignas? És capaz de recolher-te em oração quando não sabes mais como agir? Esses questionamentos levam à visão do teu estado interior. Ele é uma visão nítida do que és. Tem coragem de observar o teu íntimo! Depois, volta-te para fora e enriquece-te com as contribuições dos que te são próximos. Amealha as experiências alheias. Elas te serão preciosas fontes de conduta. Se podes aprender com os demais, por que te eximes de indagar? Cada ser que perpassa em tua vida tem algo a ensinar-te. Nunca menosprezes esses preciosos contatos. Recolhe a tua parte, e dá a tua parte em benefício alheio. Verás que o dar e receber é a verdadeira filosofia.

Há muitas pessoas que dão bastante de si, mas são tão fechadas que não aceitam sugestões, nem estão preparadas para aceitá-las. Assim, seguem carregando apenas o seu próprio peso. Quem contribui e aceita a contribuição dos outros está, sem dúvida, de posse do tesouro escondido no universo. No macrocosmo tudo é dar e receber.

Abre o teu estado interior à confirmação desta verdade. Principia, hoje mesmo a receber, de bom grado, a experiência do teu próximo. E poderás comprovar a dadivosa existência de quem aprendeu a aceitar.

A paixão

No fervilhar das paixões existe um ponto cego e, além dele, nada se vê. É por isso que a paixão leva a comportamentos desavisados. Enquanto o Amor abre os olhos da alma, a paixão enceguece. E sem nada ver, ninguém consegue caminhar com precisão. Os fatos adquirem medidas extremadas. A realidade se tolda. Seria preciso arrancar do espírito as raízes desse sentimento, que a nada leva...

A verdadeira afinidade espiritual tem cunho mais profundo. Finca raízes na alma eterna: jamais murcha. É perene, como certas plantas. É o tipo de sentimento que quanto mais se expande, mais santifica. Estende-se ao redor, abriga, dá sombra e fruto aos passantes do caminho. Não se fecha em si mesmo, mas se volta para fora, e cresce. O entendimento do próximo, o altruísmo, e a generosidade são marcas registradas de quem ama com o espírito.

Jesus foi o protótipo do Amor genuíno. Sua existência se resumiu em dar-se aos semelhantes. Dos seus olhos escorria a generosidade sem limites. Entendia a todos: ia além das aparências, conseguia instalar-se no outro apenas para ofertar o seu devotamento. Jesus foi o exemplo da conduta digna que não se mostra, e nada pede. O seu exemplo perpassou os séculos e suas palavras simples jamais morreram.

Evita o apaixonar-se por outro alguém. As paixões humanas têm o selo da fragilidade: duram pouco. Se a tua paixão é por um trabalho altruísta, se te dedicas a ele de corpo e alma, como o fizeram certos apóstolos do Bem, então segue, mas, faze-o por Amor, e não por paixão que é fugidia...! O teu esforço é abençoado... Se a tua paixão é pela arte ou pelo teu trabalho, modera os teus impulsos: o equilíbrio é a base imprescindível. Divide-te! Não te direciones para um lado só. Não há unicidade que um dia não se divida. Essa característica é própria do homem comum.

Desvia-te da paixão. Acerca-te do Amor Profundo. Ele é o sentimento melhor que Deus pôs neste mundo.

Retornos

Vê com olhos complacentes todos os acontecimentos do teu existir. Eles trazem lições e se os tomares nas mãos e os examinares, verás o seu significado. Não aconteças de passares pela vida sem análises. Escorrer o existir como água corrente, sem tomares consciência do que se passa, é desperdiçares oportunidades.

Cada acontecimento te revela exatamente o que precisas aprender. Nada é fortuito, casual. Tudo tem significado e se não o captares, será difícil evoluir. Dirás que as almas mais simples não possuem essa capacidade analítica. Perpassam ao sabor da vida: nascem, crescem, reproduzem-se e morrem, como os outros seres viventes. Vão-se de uma existência a outra, sem grandes elucubrações. De fato, assim é. Mas, quando alguém desperta em consciência, tem o dever de incomodar-se com tudo que se passa, dentro e fora de si.

Deve estar atento e vigilante, desperto e lúcido, aproveitar melhor as lições, avizinhar-se de novos limites, atravessar fronteiras psíquicas, assenhorear-se de si mesmo e do porvir.

O espírito acordado psiquicamente apercebe-se de acontecimentos que ainda estão por acontecer. Isso não é premonição. É lucidez. Todos os que já estão palmilhando outras fronteiras sabem que é possível perceber o Universo como um todo. O movimento dos astros e planetas em torno do Sol é exemplo do seu movimento espiritual: andam e voltam, vão e vêm, partem e retornam. De cada viagem chegam mais enriquecidos.

O movimento circular propicia o reencontro. Ninguém anda ao léu, indiscriminadamente. A sabedoria cósmica estabelece-se em cada órbita, em cada peregrinação pelo infinito. O sábio movimento é o circular. Quem anda em linha horizontal, perde-se de si mesmo.

É importante estar consciente de tudo o que se faz e evoluir em direção a Deus.

Desistência

Há espíritos débeis que nunca resistem às investidas da vida material. As próprias doenças, além das dificuldades materiais, os fazem desistir de lutar. E as experiências se sucedem, determinando, às vezes, a fuga na depressão, nos psicotrópicos, na bebida, nas mais diversas dependências. Desistir é o meio de não lutar, e não sofrer mais.

Que se deve fazer por essas pessoas? Muito pouco, além de orações e vibrações positivas. Arrancar alguém do poço sem fundo, fazê-lo ver a luz do dia é algo às vezes impossível numa só encarnação. As debilidades se sucedem, de vida em vida. Só a força de um amor forte, que eleve as vibrações, restabeleça o equilíbrio e proporcione tarefas de responsabilidade é capaz de vencer o quarto escuro em que submergem certas almas.

Cada vida é muito diferente das outras. Há pessoas que jamais se deixam abater, e quanto mais testadas, mais ganham ânimo de superar-se.

As almas valentes enfrentam as provações como quem trava importante batalha. É quase incrível o que podem realizar pessoas que, depois de mutiladas, quase sem nenhuma possibilidade física, se dão em benefício da humanidade. Esquecem-se de si mesmas e dos embalos da vaidade e do amor próprio. Saem de dentro dos túmulos da agonia e mostram ao mundo as graças de Deus.

Desistência é sinal de profunda debilidade. É preciso levar a tarefa até o fim, sem medos. É na terra árida que se deve plantar: ela ali está, à espera do teu destemor. Quanto mais difícil a empreitada, maior é a dívida cármica (ou o teu compromisso). E maior a possibilidade de te saires dela com cintilações inimagináveis.

Portanto, se a tua tarefa te parece por demais árdua, segue resoluto. Terás forças acrescentadas a cada palmo do caminho. Deus jamais desampara! Quanto mais tiveres de lutar, mais energias te serão acrescentadas. Vence!

Afinidades

Nos desvãos da memória, existem episódios ocultos. São afeições seculares, guardadas pelo Criador. Elas afloram em forma de afinidades incompreendidas e sorrisos de alegria pelo reencontro. Em qualquer dobra do tempo elas permanecem vivas, confortam e dão ânimo de viver. Passam despercebidas até que um dia afloram à superfície. Então existe a motivação para prosseguir a caminhada.

Há muitas almas que se buscam, instintivamente. E quando se aproximam, a simpatia é imediata. Elas são sementes da fraternidade universal que reinará um dia. Mas, entre todas, há uma, em especial, que completa e fascina. Os humanos dizem que são as "almas gêmeas". E, de fato, são muito semelhantes em consistência, colorido e perfume. São almas que devem trabalhar unidas na evolução pessoal e no aparar dos defeitos. Têm suas forças somadas e conquistam vitórias inimagináveis quando se propõem a trabalhar juntas em prol do bem-estar dos semelhantes. Esses encontros não são fortuitos, mas preparados pela inteligência superior, no sentido da evolução constante. Mesmo que ambas não realizem trabalhos em comum, a força energética que partilham as faz tomar rumos edificantes. A superação das debilidades é o principal escopo desses tarefeiros do Senhor.

Qualquer um pode constatar o encantamento com que se fitam as almas afins. Elas têm o fim de derramar alegria, soerguer os abatidos, levantar os ânimos alheios durante as provações. É imenso o amor divino que se manifesta como presença no rosto de quem reparte afinidade. As aflições e preocupações se amainam, e as mãos se buscam na procura do apoio fraternal inexcedível.

A afinidade espiritual é um sinal inequívoco da presença de Deus. Aquele que a pressente e confirma é capaz de demover todos os obstáculos, e evoluir em direção aos mais sublimes objetivos.

O sentido da dor

A existência é sempre crivada de perguntas. Não há como explicar a dor que fere, a chaga que machuca, a incerteza que punge. E é nesses caminhos que a alma se depura, cresce em entendimento, supera-se e vence. É do sofrimento que se ergue a razão, mas nem seria preciso que isso acontecesse. A compreensão poderia provir dos tempos de paz e de harmonia.

Mas, há grande diferença entre a dor do sábio, e a do ignorante das leis de Deus. O sábio medita e supera a si mesmo, aprende mais, ganha "status" de conhecedor. O ignorante das leis deixa-se abater, cai em prostração e, às vezes, se revolta. O primeiro aproveita para dedicar-se à bondade, ao sorriso, à dádiva de si, tentando esquecer-se de si próprio. O outro se despenca em crise, centra-se no seu sofrimento e lamenta-se. São formas diversas de reagir...

O homem não foi criado para sofrer. Mas as leis providenciam o sofrimento quando há desequilíbrio a ser corrigido.

Note-se que as grandes personalidades da História, todas tiveram desafios a vencer, e o fizeran com denodo. Nem mesmo estamparam no rosto o que as magoava. Os leitores dirão que para um ser iluminado é fácil agir com altruísmo. Sim, a virtude sempre auxilia a superação. Mas, qualquer indivíduo comum é capaz de raciocinar sobre o que acontece, procurar as razões ocultas e encontrar motivos para ser maior.

Se as moléstias têm o poder de despertar, os outros sofrimentos são alavancas. Aquele que está estagnado, com o olhar obscurecido pela ignorância da verdade, é arrancado do plácido sono para o despertar construtivo. Não te preocupes! O sentido da tua dor te será desvendado e só assim não sofrerás tanto. Saibas, entretanto, que não há acontecimentos fortuitos. Todos provêm da sabedoria que te rege o rumo.

Acalma o teu coração. Sente que estás amparado! Há sempre amanheceres no horizonte. Deus é um magnânimo provedor!

Amor maior

Não há distância entre os espíritos que se amam. Mesmo após a entrada no campo etéreo, as afinidades permanecem. Essa é a maior virtude: preservar os laços trazidos do todo sempre. O amor que nutre e levanta o ânimo é energia inexplicável: vem de longe e penetra os recessos da eternidade. Os afetos vão se cruzando e repartindo a seiva. Vão se dividindo e transformando num todo uníssono. Do entrelaçamento de muitas energias nasce o AMOR MAIOR que e o principal escopo do homem.

Esse é o sentimento da fraternidade: divide-se para ganhar mais. Todo aquele que dá de si começa a vibrar em sintonia com o mundo. É do florescer individual que nasce o perfume do coletivo. É do ar rarefeito das emoções mais puras que viça o fraternal apelo à solidariedade. Quem expurga de si as sementes da egolatria, consegue dar-se de forma absoluta e inequívoca. Ninguém contesta a eficácia do amor na cura dos mais diversos males. Até os apelos ao Alto são mais rapidamente ouvidos quando provêm de fonte limpa e casta.

Amar de modo puro, sem asperezas, é o jeito certo de amar os semelhantes. Ele nada pede, apenas se dá e nessa doação está a sua essência. É raro o amor-Amor, o Amor Maior. Ele nos é dado cotidianamente, de maneira farta e imensurável. Por que havemos de nos reprimir e dosar o bem maior, em relação aos nossos iguais? Todos estão ávidos por receber dessa Fonte.

Todas as criaturas estão ávidas por dar e receber afeto. Há uma grande carência de sentimentos legítimos. Ainda impera o desejo de sobreelevar-se, enaltecer-se, pôr-se na mira dos refletores e dos espelhos.

Amor Maior é doação, ternura infinda, doçura ilimitada e é também sensatez e tino para a escolha do rumo acertado. Amor-Maior está cercado de sabedoria e discernimento, não só para fazer as escolhas certas, mas também para sempre saber partilhar as bênçãos.

Voltar-se para fora

Não tem limites a extensão do bem que se faz com um simples sorriso, uma fraterna acolhida. A vida em geral apresenta dissabores e provações inúmeras. E em meio às tempestades, o carinho, seja de quem for, é sempre benvindo. Todos estão à espera de carinho e reconhecimento. E, em geral, todos andam muito ocupados consigo mesmos para voltar-se ao próximo. Quando alguém o faz, é algo inusitado.

No plano espiritual menos avançado, a atmosfera é idêntica. Poucos se dão ao luxo de voltar-se para fora das próprias preocupações. As vidas se sucedem, e o panorama pouco muda. A introspecção é fenômeno universal. Há, sim, os que despejam frases, risadas, mas a preocupação genuína com o próximo ainda é fenômeno incomum. Voltar-se para fora de si é fenômeno raro que só acontece nas altas esferas. Aí vence o altruísmo. Mas, é preciso que se diga,há muitos espíritos já iluminados no meio daqueles que ainda estão cegos de luz. Esses são os que acendem esperanças, extravasam afeto, consideração, solidariedade. São almas que sempre trazem alegrias aos semelhantes e servem de farol aos viajeiros. Sempre deixam sólidas lembranças.

A meiguice é apanágio dos devotados. O amor ao próximo é sempre cheio de doçura e renúncia. A vida seria muito áspera sem esses refúgios de luz que Deus localizou entre as misérias, para que as lágrimas não debilitassem tanto. Sentir-se amado é tão confortador que acende a vida com novas esperanças. Há o desejo imenso de superação e de ser igual àquele que se dá. É a contaminação pelo exemplo.

Quem recebe, perpassa: é um processo natural. Sair para fora de si revela o mais nobre impulso de regeneração, e sólida contribuição ao bem do mundo.

Vibrar junto

Os espíritos se encontram, alimentam-se, trabalham juntos, realizam objetivos comuns e depois se separam. Urge realizar diversas tarefas, para o aprendizado completo. Verifica-se que é tão importante usufruir a companhia, como saber realizar tarefas em separado. É assim que as almas se unem, sucessivamente, com uns e outros parceiros de jornada. Essa troca não é incidental. Se assim não fosse, a facilidade de adaptação a outros tônus vibratórios seria muito difícil.

A flexibilidade é necessária. Isso não quer dizer instabilidade. O amor verdadeiro jamais acaba. Pode-se viver pela eternidade usufruindo a presença espiritual. Mas, sem a mudança de parceria, o afeto se transformaria em egoísmo. Este é a chaga do sentimento. A adaptação é imprescindível. As leis de Deus são perfeitas: quem estabeleceu contato em uma vida, vai reconhecer o seu par em todas as outras experiências. O afeto se expande em todas as formas de laços: conjugais, paternais, fraternos. Em cada experiência o amor se consolida e renova, aprende novas faces, desenvolve-se, cresce e se aperfeiçoa.

Entendendo isso, perdura a compreensão ilimitada do significado dos afetos. É sem cadeados ou paredes que ele deve florescer, e assim se consolida. Ninguém prescinde de várias experiências. A fraternidade genuína desse núcleo inicial é eterna.

A meta é vibrar junto com toda a humanidade. É derramar especial carinho em todos os entes. É compreender a essência do Amor Divino. Sem falsas ilusões ou perspectivas, é necessário afeiçoar-se com o completo entendimento das leis que regem todos os sentimentos.

Intuição

Devemos sempre ouvir a voz das intuições. Elas são mensageiras dos conselhos enviados pelo mundo espiritual; são as vozes do íntimo mais profundo e também a revelação cabal da presença de Deus. Todos possuem a capacidade de ouvir o que é chamada "a voz da consciência". Não são poucos os que norteiam a vida por esses apelos. Os que não os ouvem, geralmente erram por caminhos de dor.

A consciência desperta sempre avisa o melhor rumo a seguir. Faz até admoestações, quando necessário. Essa voz se faz ouvir desde a mais tenra idade, mas só com o passar dos anos é ouvida em plenitude. Quanto mais aguçado o desejo de melhorar e entender, mais alto repercutem os clamores da voz interior.

Para desenvolver qualquer habilidade é preciso treino. Quanto mais se ouve os apelos da intuição, mais e mais se poderá ouvi-la. Se as vozes internas são acatadas, mais se propõem a ensinar o caminho. Intuição é bússola. Se sentes necessidade de te comunicar com alguém, faze-o! Provavelmente a tua palavra chegará como diretriz ou consolo. É assim, também que acontecem as grandes descobertas científicas. Quanto mais alguém estuda e se aperfeiçoa, mais aberto se torna em discernimento e capaz de entender o que lhe dizem ao cérebro e ao coração.

No campo da arte se passa o mesmo. O artista devotado é sempre assistido por desvelados amigos que norteiam o seu cérebro e as suas mãos. Uma certeza existe: não há tarefa individual. Em todos os campos, há a força da equipe.

A intuição sempre existiu, e a aperfeiçoaste no decorrer das vidas. Quanto mais te deres conta do seu significado, mais alto poderás ouvi-la. Ninguém está a sós: é sempre guiado por forças que desconhece. Ouve os apelos da intuição e hás de acertar os teus passos por todos os caminhos.

Escolhas

Saibas sempre o exato caminho. Nas encruzilhadas, se apresentam muitos deles: suaves ou pedregosos, floridos ou áridos, mais fáceis ou mais difíceis. Vais escolher, sempre, apenas um. É por ele que hás de caminhar, evoluir, aprender e te aperfeiçoar. A escolha é ao gosto pessoal.

De qualquer forma, todos os percursos são válidos. Mas se és tu que fazes a escolha, não te podes queixar. É o teu livre arbítrio quem decide sempre. Em cada etapa da vida há muitas possibilidades e, bem no íntimo, cada um sabe quais são as suas fraquezas e procura dirimí-las.

As escolhas dos rumos são determinações do que cada um produziu em outras experiências. Tudo que foi feito vem à tona. Nada escapa à sabedoria das leis cósmicas. Se o teu desejo é melhorar, então em pensamento encaminharás a mensagem vibratória, e ela vai se realizar, automaticamente. Não há milagres, apenas leis perfeitas.

Quando se conhece o mecanismo que rege a conduta humana, fica tudo mais fácil porque se está lidando com a plasticidade da energia. Nada há que seja concreto, portanto as tuas ações devem ser no sentido de manipular a força que te cerca. Todos têm infinitas possibilidades ao seu redor. Tudo é questão de escolha.

Quem está distraído ou apático, perde a oportunidade de decidir sobre o seu próprio rumo. Larga-se à força gravitacional do pensamento alheio, coletivo. É então que se parece a um barco solto em mar turbulento. Não mais segura as oportunidades, e é engolido por elas.

É preciso estar atento, observando com critério tudo que se passa. Não se admitem distrações, nem devaneios. Quem acordar mais cedo logo encontrará diferenças sensíveis em seu destino. Não existem privilégios, apenas construções. Se tudo é uma questão de edificar, esforça-te agora, e neste exato instante estarás criando um belo porvir.

Os temas difíceis

Há temas profundos a merecer-nos a atenção. Porém notamos que por mais intrincados sejam, sempre têm no imo a base da simplicidade. Todos os grandes mistérios do pensamento, sempre se dissolvem e diluem em uma única célula de compreensão. Deus não propõe enigmas, tudo o que faz é lúcido, em extrema simplicidade e clareza. Não só os grandes filósofos são capazes de resolvê-los, mas também o cérebro inculto, à sua maneira.

O mais simples dos mortais é capaz de conjeturar e resolver os chamados "enigmas do existir". A própria morte do corpo ainda é um deles. Os mais afoitos se perguntam: haverá continuidade? Existe alma? Como prová-lo? Em verdade, não nos podem preocupar as provas concretas. As maiores certezas se adquirem através da fé. E a crença é algo que cresce sempre, na medida em que o espírito evolui.

Sempre houve manifestações concretas e sensíveis da presença do espírito. O mundo abstrato, imaterial, foi revelado em todos os momentos. Acontece que aqueles mais evoluídos dispensam manifestações solidificadas. Têm uma intuição aguçada que lhes mostra o seu próprio conteúdo etéreo. A natureza perfeita lhes revela o que outros jamais chegam a perceber.

Estes são temas difíceis e, ao mesmo tempo, extremamente fáceis. Qualquer um pode aprofundar-se no assunto. Existem, à disposição, os alentados compêndios, mas o melhor é ler as lições do mundo em volta, e do próprio mundo interior. É nas atitudes de cada homem, suas expressões faciais e gestos, atos e palavras que existem as mais inequívocas provas de que há algo além da presença material.

Importa estar alerta e aberto ao aprendizado. Cada homem é um mundo magnífico a ser analisado. Aprende, em cada um deles, as maiores lições.

A verter luz

Vertendo luz, os espíritos afins se encontram para as mais diversas tarefas. É a evolução pessoal e do mundo que os chama à cooperação. Juntam-se para a realização dos seus mais nobres ideais. Ninguém imagina a força desmesurada de quem ama e se entrega ao Bem.

Há energias incomuns no íntimo de cada ser criado por Deus. Ele os impregnou da sua própria essência. É essa a mola-mestra do universo, a alavanca indispensável às mais nobres ações. Não há como segurar o poder das energias cósmicas. Elas agem por si sós, carregando consigo as mais difíceis tarefas, realizando em átimos de segundo o que talvez durasse décadas para se concretizar.

Não se duvide jamais do poder instantâneo da energia celeste. É daí que chegam os chamados milagres, a que se assiste atônito. O sobrenatural se manifesta só nos olhos de quem acredita. As terras áridas produzem. A fonte seca volta a jorrar água. A planta murcha refloresce. O doente se cura. E é vertendo luz que se manifesta o poder de Deus.

Não há como duvidar, tendo a realidade diante dos olhos. É como se o céu se abrisse e uma nova dimensão acolhesse o deslumbrado olhar.

Os cérebros se fecham em dúvida e tentam não acreditar no que os olhos vêem. Os céticos disparam frases racionais, movidos à Ciência dos homens. Não dão valor à Ciência Cósmica. Mas ela aí está, atravessando os séculos, sobrevivendo, expandindo-se, concretizando-se, tentando forçar as portas dos corações, em sublime evidência.

Milagres acontecem, diz a sabedoria popular. E assim é. Mas eles só acontecem porque não são milagres, mas Lei. E hão de acontecer enquanto houver mentes que neles acreditem, e vertam luz.

Sentimento elevado

Em todas as partes do planeta, acontecem remoinhos e turbulências inexplicáveis, tanto no plano físico quanto no plano psíquico. Há momentos de paz, intercalados por abalos sísmicos ou morais. A dor e a instabilidade ainda são apanágio dos que estão crescendo em direção a um plano mais alto. É de notar-se a imensa sucessão de acontecimentos desagradáveis, que ainda acontecem. São preocupações, doenças, crimes, dificuldades financeiras e de entendimento entre as pessoas.

A harmonia absoluta de pensamentos e emoções ainda é raridade. Nota-se a incompreensão, a hostilidade e até o silêncio pesado quebrando os elos da comunicação. Essas atitudes bloqueiam os mais nobres recursos. O egoísmo ainda reina, a incompreensão arrasta e a imperfeição ergue muros. Infelizmente, tal é o panorama e não será modificado enquanto não houver a evolução individual e coletiva. Há muito pela frente. Esqueceu-se a chave que soluciona todos os problemas: o amor incondicional. Quando ama, o espírito começa a sair de si para se pôr no lugar do outro. Entende as dificuldades alheias e até mesmo as suas falhas e limitações. Sabe perdoar e esquecer. Consegue a coragem para viver além do próprio eu, e assumir-se como cidadão do universo.

O sentimento elevado é, ainda, a única solução. Com ele não há impossíveis. Todas as veredas se aplainam e a chamada felicidade volta a reinar. Assim tem sido a evolução no decorrer dos tempos: cíclica, em etapas quase invisíveis, mas palpáveis. É como se ela se processasse milímetro por milímetro...

Porém, o fim divino é sempre a perfeição e ela é alcançada a qualquer preço, sem sombra de dúvida. E os que acordam voltam e estendem as mãos aos semelhantes; ajudam-nos a subir. Ninguém fica satisfeito em chegar sozinho ao topo da montanha. A solidariedade é indispensável ao bem-estar completo.

Não tergiversar

Sempre é possível constatar as verdades presumíveis. Aquele que tudo aceita, de olhos vendados e sem analisar os fatos à luz da razão, quase sempre se engana. Quem estabelece a sua crença com base no raciocínio lógico, mantém-na por tempo indeterminado. A fé raciocinada é como o amor legítimo: jamais se desvanece.

Muitos dirão que a fé é algo inequívoco, inato. Sim, ela provém de várias experiências vivenciais. Foi plantada e se perpetua. Não morre nunca e nos momentos necessários aflora com mais força e evidência. No entanto, é sempre preciso renovar as idéias latentes. E a sabedoria do espírito encontra meios de fazê-lo através do exercício regular das observações. Já se disse que água estagnada cria miasmas. O cérebro preguiçoso, que não se exercita em indagações e respostas a si mesmo, acaba por definhar. E só com o renascer de novos neurônios, talvez em outras experiências, adquire consistência para mais alentados vôos. Todas as funções assim se realizam, sejam elas físicas ou psíquicas. É do exercício constante que nasce a competência. Em vão tentará o homem adquirir qualidades, se não se esforçar para obtê-las. Mas, uma vez adquiridas, formam um substrato eterno. Em conclusão: não tergiversar em alguns assuntos é produtivo. É sempre melhor a contestação do que o marasma. Só enviça o solo revolvido pela charrua.

No terreno educacional é preciso, desde os mais tenros anos, trabalhar as potencialidades da criança. Ela é um ser em contínua evolução. Converse, pergunte, extraia dela as melhores ilações. Não a deixes estagnada por falta de incentivos. É dos estímulos, em todos os sentidos, que se processa o aprendizado.

Motivar a germinação de idéias e sentimentos novos é a mais nobre das tarefas. Começa agora a realizá-la!

Bons propósitos

Perpetua-se a sensação de paz daqueles que acordaram para a sua imanência superior. Se cada uma das tuas células físicas e espirituais te fala do poder criador que as gerou, estás no caminho. A consonância com as emanações cósmicas é sempre sinal de sintonia com as bênçãos advindas do mais alto. Quem está ligado a Deus tem mais oportunidades de evoluir. Também é possível quedar-se à margem sem sequer refletir sobre a altissonância das leis que regem o Universo. Mas, nesse caso, a evolução é mais lenta.

Quem sabe da sua responsabilidade como co-autor de si mesmo e do mundo que o cerca, tem mais oportunidade de trabalhar o seu íntimo e o universo adjacente. A vida é, toda ela, composta de vibrações, energia, contatos, acertos e desacertos, subidas e quedas, mas a ascensão é sempre inequívoca. A evolução é fato inconteste. E quem desejar participar desse processo estará aliado a forças inimagináveis.

Toda natureza é apelo à superação. Os dias marcados pelo calendário humano passam impassíveis diante do relógio-tempo, nunca demarcado. Mas, ainda assim, a evolução arrasta todos os seres, mesmo que imperceptivelmente, a patamares mais alentados.

A inércia é lei apenas para mostrar a improdutividade. O movimento é, ainda, a força máxima necessária ao progresso e entendimento dos fatos básicos da vida. Quem se acomoda nos cantos da História, vendo a caravana das oportunidades passar, demorará muito mais para atingir a plenitude.

Ação é progresso e aquele que tenta fugir dessa lei sempre se arrepende. Para acompanhar a trajetória dos astros e dos planetas, é mister estar em sintonia. Põe todo teu ser a serviço da causa maior. Entrega a tua alma ao poder divino. Satura-te de bons propósitos. E assim vencerás.

O equilíbrio

Nunca te excedas. Dá sempre de ti, aos acontecimentos e aos semelhantes, a medida equilibrada do teu concurso. A Deus não apraz o excesso ou a escassez. Conseguir o meio termo é sinal de sabedoria. Os seres perambulam pelas vidas tentando achar a exata equação do seu proceder. Uns vão além das medidas físicas e esgotam suas forças antes do tempo necessário à completude. Outros se poupam e acabam perdendo a oportunidade de cooperar.

Todos sabem que a vida é dádiva, doação. A entrega de si mesmo aos ideais é bastante louvável. Mas, se não houver equilíbrio, a planta não cresce harmoniosa: desenvolve apenas um galho, e o restante definha. Não há dúvida que estabelecer harmonia perfeita ainda está além das possibilidades do progresso atual. Mas, é possível tentar. Observar as diretrizes do próprio espírito, em que áreas precisa aperfeiçoar-se e em que outras convém podar é sinal de sabedoria.

Deve-se ensinar às crianças e aos jovens essa lição primordial. Eles estão sequiosos por aprender e o farão paulatinamente, com o teu concurso. Deves dar exemplos concretos, mostrar, fazer entender, usar gravuras, desenhos, assinalar concretamente o que se quer dizer. A palavra associada à imagem produz frutos alentadores e inesquecíveis.

Se queres ensinar o equilíbrio, deves primeiro equilibrar-te. Tuas palavras só surtirão efeito se baseadas em provas concretas. Portanto, aprende a ensinar. Converte-te em exemplo vivo do que proclamas. Só assim alcançaras sucesso como educador do mundo de amanhã. Educador é uma palavra ampla: não é apenas o mestre, mas o equilíbrio vivo a se embrenhar no futuro; a preparar-se, e a preparar os educandos.

Os verdadeiros tesouros

Sabes, com certeza, onde está o teu tesouro. Não adianta procurar por fantasias. Ele mora dentro do teu íntimo. Deus criou o homem em perfeita sintonia com as leis que regem o universo. E pôs dentro de cada um, uma escada de redenção ilimitada. Com o aflorar das virtudes vêm os passos necessários à descoberta do sentido pleno da vida. Em vão perambulará o homem em busca de riquezas materiais. Elas são fugidias como nuvens que se esgarçam

Os verdadeiros valores são aqueles que "a traça não rói e a ferrugem não consome". São aqueles situados no íntimo da alma eterna e imortal. Esses, o homem leva consigo no decorrer das várias etapas evolutivas. E sempre há algo a acrescentar: nada se dilui ou perde. É do cultivo da paciência que nasce o propósito de ver além das aparências concretas. Essa virtude é imprescindível para se alcançar a herança eterna.

O que esperar de mais uma etapa no planeta Terra? Este é um planeta em evolução, tanto quanto os próprios homens que o habitam. Está sujeito a iluminações e sombras, refazimentos e desgastes, na infinita conquista do estado de graça. É assim a trajetória dos que aqui vivem. Para muitos, não passa de um sonho. Acordam sem nem mesmo saber o que se passou. Mas, há os que alertados pelos desígnios superiores despertam a tempo de amealhar os tesouros do coração: fraternidade, amor, compreensão e paz. Esses são capazes de distribuir, e antes de dar por terminada a sua experiência, já deixaram suas indeléveis marcas em muitos outros espíritos.

Sabe-se que é preciso evoluir, esse é um fato inconteste. Mas se não há esforço consciente, perde-se a oportunidade de juntar os fragmentos da experiência e, com eles edificar um destino de paz imperecível. Quem não usa dos mesmos exemplos deixados pelos Mestres, em geral se perde e perde a oportunidade de enriquecer em luz.

Força de vontade

Nos intrincados caminhos evolutivos, destaca-se a necessidade do aprimoramento da vontade. Em geral ela é débil, esconsa, sem fôlego para as grandes tarefas. Há aqueles que desistem no meio do caminho, por falta absoluta dessa energia interior que lhes deve dirigir os passos. O medo é sinal evidente não só de falta de fé, mas da falta de vontade de reagir às investidas da dura realidade.

Todos passam por inúmeros obstáculos. Estes os devem fortalecer, mas muitas vezes os fazem desistir da peleja. Como encontrar a energia perdida? É sempre no exercício da própria função. Um músculo débil só se reforça com o exercício constante. E, uma vez rijo, deve manter-se ainda, com o mesmo rigor do treinamento. Se houver pausas, ele volta à antiga flacidez. Assim é à vontade; deve ser continuamente treinada e exercida para que se perpetue hígida.

Qualquer faculdade espiritual é muito mais difícil de ser despertada e mantida. É pela certeza dessa verdade que o poder de desenvolvê-las se acumula. Qualquer qualidade da alma cresce à medida das vivências. E deve ser mantida com o uso constante do seu emprego. Não há descanso. Em matéria de evolução, o esforço é ainda a mola-mestra.

Porém, vale a pena qualquer sacrifício... Uma vez na ativa, as qualidades só se aguçam e beneficiam de dentro para fora, iluminando o próprio usuário, e os demais, dando paz e novas perspectivas. É assim o substrato do que se chama felicidade: conquista lenta e irrevogável.

Se queres tanto ser feliz, desperta em ti os meios de alcançar esses bens. Treina, esforça-te, libera a preguiça e abre os braços à conquista de tudo aquilo que almejas. Não há impossíveis nos planos de Deus.

Evolução

Com tanto desvelado afeto, os espíritos devem reunir-se para o fim precípuo da vida: a evolução. É esse o dom que caracteriza a divina procedência. Como poderia uma alma continuar cheia de máculas, eternidade afora? Que sabedoria haveria no poder superior, se criasse os seres por mero diletantismo, para se apagarem ao fim de tempo fortuito? Quem acredita no poder superior de criar a perfeição, sabe muito bem que o homem não nasceu por mero incidente. Deve evoluir, como tudo à sua volta.

Basta entrar em contato com a natureza, para notar a perfeição. Ninguém pode fugir à lei da evidência. A perfeição é marca registrada de Deus. E tudo que surgiu da sua mente, inclusive o homem, a ela se destina. Ao Arquiteto não agradam criações rachadas, emboloradas, sem viço. É por isso que as criaturas devem analisar-se e não deixar perecer as suas melhores expectativas.

Se notas que o teu espírito está esburacado, sujo, caindo em desalinho, conserta-o pelas bases. Faz a reforma íntima aos poucos, mas com disciplina. Adquire primeiro as virtudes que mais aprecias e elimina as nódoas que mais te molestam. Recria-te. Hás de sorver muita alegria em cada passo da tua reforma pessoal. E, à medida que a executas, notarás que és capaz de espargir o bem. As almas afins hão de procurar-te o refúgio.

Ninguém pode evoluir em nome do outro. Esse passo é pessoal e intransferível. Só de ti, unicamente do teu esforço depende o sucesso. Não esperes milagres. Vá com calma em direção aos objetivos propostos. Saiba, no entanto, que ao colher os frutos da tua energia despendida, não estarás sozinho. Se te programas para a evolução, a fraternidade é a tua principal meta. O amor, sem espera de recompensas, é tão dadivoso como os frutos perfeitos das árvores plantadas por Deus.

Complacência

Ser complacente é ser maleável, adaptável às circunstâncias. Em vão tentará o homem esquivar-se da sua própria semeadura. Ela se imporá como lei irredutível. Então, é preciso aceitar os fatos com adaptabilidade da mente. O pensamento excessivamente rígido e irredutível muitas vezes se quebra - e por contraste - como vidro frágil. Não há necessidade de excessivo rigor: a maleabilidade é extremamente necessária.

Tenhamos certeza de que ao colhermos os frutos do que já semeamos, estamos dentro da lei. Porém, não nos cabe colhê-los verdoengos. Esperar o amadurecer é a aceitação do óbvio. Há os que arrancam da árvore os frutos imaturos, sem sumo suficiente. E tudo que escapa à lei natural é defeituoso e incompleto.

O caráter moldável, pronto à construção de Deus, é aquele escolhido para as mais difíceis tarefas. E sem rigor excessivo consigo mesmo, consegue abranger e compreender o pensamento de todos.

Complacência é aceitação de si mesmo e do semelhante. É compreensão dos defeitos ainda inevitáveis. É a abertura para novos pontos de vista. É a aceitação do próximo, sem grandes volteios de personalismo. É aceitação de sua própria essência, capaz de realizar proezas e milagres, mas também propensa às prováveis quedas. Julgar-se superior a todos, afasta o homem dos demais. Todos preferem pessoas com menos mania de perfeição.

Não te equivoques. Todos os entes que ainda habitam a Terra são cheios de qualidades e defeitos. Estes fazem a necessária sombra, o perfeito matiz equilibrado. Não há quem aprecie estar ao lado de alguém que se coloca em pedestal, mesmo que mereça tal posto.

Complacência é também condescendência, humildade. Sem esta é impossível evoluir e abraçar a tudo e a todos, em plena redenção das próprias falhas. "Apagar-se um pouco é também uma grande prova de maturidade e amor ao próximo".

A força do pensamento

Talvez não concebas a força imensurável do pensamento. Só quem o concebe é capaz de fazer uso da sua infinita energia a favor de si mesmo e dos demais. Por ser abstrato, não é bem avaliado, mas seus efeitos podem ser medidos por fatos concretos. Imagine-se quantos benefícios podem advir do seu bom uso. Ele está depositado em cada homem.

A fé se expressa através de vibrações racionais e emotivas: é o pensamento impregnado de força incomum, incalculável. Fala-se em artefatos nucleares, mas o homem possui dentro de si um tesouro ainda mais forte e precioso. Basta acioná-lo... Mas quão poucos sabem discernir o poder que Deus depositou em suas mãos....

Ninguém é falto de recursos quando tem a solução dentro do seu íntimo. As respostas já estão prontas. Cabe a cada um decifrar os seus enigmas. Mas, não há mistérios; tudo está às claras, facilmente acessível. É claro que se alguém pesquisar os compêndios antigos, onde muitas fórmulas foram desvendadas, aprenderá a teoria da energia, será capaz de manejar e movimentar o imponderável. Mas, o que se espera é que, sem ler as instruções escritas por outrem o homem encontre no seu íntimo a intuição das energias e a solução do que lhe parece o mistério da vida.

Cada um encontrará o seu método de busca e quando achar a verdade não terá mais nenhuma falta porque o eterno suprimento estará à sua disposição. Convém ensinar aos espíritos renascentes essas verdades por ora adormecidas dentro deles. Se mostrarmos às crianças a sua força íntima, a estrada a percorrer será mais suave. Estar cônscio dos poderes herdados de Deus é também estar lúcido e ativo. Depois que alguém provou a força do pensamento, nunca mais terá medos infundados, incertezas, vacilações.

Tenta plasmar com a tua energia as mais entressonhadas aspirações. Faça-o já e ficará deslumbrado com os resultados.

Erudição

Onde amealhar recursos para abraçar a felicidade plena? Ela não é dádiva gratuita, é apenas colheita. A lei é perfeita e dentro dela ninguém tem privilégios. Só se tem o que se merece. Não há aquisições perpétuas. É preciso trabalhar sempre para merecer. Qualquer qualidade ou aptidão foi elaborada no decorrer das vidas.

O que se apresenta no momento é apenas resultado de muito esforço. E é para dar que nos apraz ter. Não resta dúvida de que estamos mergulhados em sapientíssimos princípios cósmicos. Não há como conter toda sabedoria do Universo. Porém, se o queres fazer, indaga de ti mesmo, e indaga a Astrologia, a Física, a Química e a Geografia e, com certeza, obterás respostas mínimas, cheias de técnicas e teorias.

A erudição não basta para entender os princípios do espírito e a sua "performance" no mundo. Quando almas sábias estão sem nada contribuir, apresentam certo desencanto nas faces. Em contrapartida, verás pessoas incultas e simples estampando sorrisos.

A aquisição de conhecimentos enriquece o espírito: tem o dom de polir as arestas e dar certo refinamento. O erudito é muito importante, mas deve estar alicerçado na bondade e humilde postura. Aquele que se julga superior, com certeza ainda tem muito a atingir.

Não há dúvida de que a cultura, o saber verdadeiro é agradável aos olhos de Deus. Tudo isso vem do esforço e do estudo, da força de vontade e do exercício das funções neuronais. Entretanto é mais do que certo que o homem apenas culto é como estátua de mármore. Precisa ganhar a vida do conhecimento espiritual para tornar-se presença eterna.

As etapas da vida

É inevitável a chegada de certas preocupações no tangente à saúde do corpo. Ele é feito de matéria, e se deteriora com o perpassar dos anos. A cada dia que passa, milimetricamente, há um desgaste natural. No entanto, se há a força da potência maior - o espírito - tudo acontece de maneira paulatina e suave, sem desesperos. A velhice se aproxima como sinal de sabedoria. É hora de meditar mais nos valores eternos, e esquecer as inconsequências da juventude.

Há o momento certo para todos os valores. Passado o tempo de lutar com desespero pela posse do necessário à sobrevivência, os tempos seguintes são de plantio mais ameno. O sol vai se pondo e o ambiente não é mais escaldante. A sobrevivência é mais amena, sem inúteis preocupações. Nessa etapa há mais oportunidade de dar do que de receber os bens do espírito. É preciso aceitar as limitações e propor-se a vencer os proverbiais obstáculos. Vencer com coragem é sinal de que o espírito alcançou vitória.

As etapas da vida se sucedem e, na etapa derradeira, é preciso esbanjar sabedoria. Tudo que foi acumulado no decorrer das experiências deve agora saltar para fora e se impor. Não adiantam lamentações: a conformação é a palavra sábia. Se na pujança dos anos admitem-se falhas de percurso, agora não mais são admitidas as vacilações. É preciso firmeza de convicções para enfrentar o que está pela frente. A velhice a cada um se apresenta de uma forma. Mas, aqueles que já estão lúcidos sabem que devem comportar-se como exemplos dignos de serem imitados. Os que ficarem guardarão na lembrança as sábias palavras e os exemplos de vida edificantes.

Essa é a melhor herança, às vezes imperceptível e oculta, mas soberana, além das fronteiras da morte corporal. Embrenha-se nos que ficam e lhes dá alento para prosseguir. Dentre as etapas da vida, ouso dizer, que a etapa final é a mais cheia de nobreza.

Lembranças dos sonhos

As lembranças dos sonhos, embora esfumaçadas e pouco nítidas, sempre falam ao espírito: advertem, impulsionam, indicam o caminho. Elas são imprecisas é verdade, verdadeiros enigmas às vezes, mas falam da vida eterna que abençoa todos os seres. Ninguém está só em seu percurso, mas é auxiliado por vibrações e carinhos dos que o querem bem e aplaudem os seus sucessos, lamentam as suas dores e o consolam no rumo angustioso.

Eis aí o prenúncio para muitas certezas: acreditar nos eflúvios de paz que lhe são enviados, haurir bênçãos das remotas lembranças e alimentar a alma com os seus frutos. É bem verdade que o homem ainda muito pouco acredita em alimentos etéreos. Porém, estes são ainda os verdadeiros manjares, aguardados pelas almas. Ninguém pode ser feliz sem essas vibrações que os visitam nos momentos em que se desliga da matéria. O alimento do espírito é feito de vibrações e energias afins.

Não há quem possa prescindir do seu concurso. As vidas se escoam como água corrente, mas sempre há a ânsia infinita pelo imensurável e eterno. É próprio da energia humana aspirar por um mundo menos concreto, mais ameno e rarefeito. No íntimo, elas tem lembranças que jamais se desvanecem. Os psicólogos, psiquiatras e demais especialistas do homem profundo, ainda vão descobrir, em suas andanças pelos meandros da alma, a eterna e abstrata noção do homem milenar. Só então serão capazes de entender o que agora parece não ter explicações.

As lembranças dos sonhos são letreiros de aviso postos diante dos olhos. Quem poderá reproduzir todo o seu conteúdo? O mundo dos sonhos nunca é desvendado por inteiro. Mas, aquele que busca há de achar, sem ajuda, o significado de suas mensagens. E, no inconsciente estará desperto e alertado para o novo rumo, destinado a poucos escolhidos.

Redenção

Chega sempre na hora certa o momento de redenção de uma alma. Ninguém pode prever se será no meio de uma grande angústia, ou de um grande silêncio interior, se será no momento de tempestade ou calmaria. Mas, o milagre se dá. De repente, iluminado por forças imprevisíveis, vem o arrependimento das faltas, os apelos de Deus para perdoar e então a luz se faz nos olhos cansados. Todo ser desperta para uma vida nova, de doação e fraternidade, de carinho pelo semelhante, e a bondade que estava soterrada emerge e se amplifica.

Os caminhos divinos são sempre inextricáveis. Assim como ninguém sabe, exatamente, a hora do desencarne, assim se dá também com o momento de redenção da alma. Simplesmente acontece, não por obra do acaso, mas após lenta maturação. Nem se pense que só alguns são dignos dessa benemerência. Todos o são, mas precisam primeiro merecê-la. Essa é a lei, clara, inequívoca, sem sofismas. Ventura e merecimento sempre se acasalam.

A alma mais torpe encontra o meio de redimir-se. Não há nenhum abismo entre a criatura e o Criador. A evolução é um processo misterioso: não segue em linha reta ou puramente ascensional. É um caminho sinuoso, de altos e baixos, e quem o percorre deve saber conduzir-se por ele. A certeza da vitória deve mover todos os passos, mesmo que estes ainda estejam cegos às realidades.

Os espíritos iluminados não usufruíram da luz como privilégio. Conquistaram-na através do esforço e do exercício constante. É assim o processo de aquisição da sabedoria e do amor. Subidas ásperas esperam os caminhantes, e também freios para que não caiam nos laços das tentações.

A redenção aguarda todos os seres. Ninguém escapará dela, cedo ou tarde. Esperemos que o mais breve possível todos a encontrem porque é a única que conduz à felicidade.

Fontes de suprimento

Existe sempre o momento para nos aproximarmos da Fonte de Suprimento. Estar cônscio é saber exatamente onde jorra a água. Não é por força das circunstâncias, mas por determinação interior que nos avizinhamos do suprimento. Ele está à disposição: basta acessar a sintonia certa.

O homem tem necessidade de vários tipos de alimento: o material e o espiritual. O primeiro lhe dá forças físicas necessárias à consecução das tarefas. O segundo é a motivação para prosseguir a busca. Nem todos imaginam as vibrações contidas num pedaço de pão ou num abraço de ternura: eles refazem e abençoam a vida. Às vezes, um simples olhar, ou uma palavra amiga, mesmo que seja à distância, por qualquer meio, são suficientes para enviar energias. Às vezes, é apenas um eflúvio, mas é capaz de transformar e fazer renascer...

É por esse motivo que nunca te deves negar a ser a fonte de suprimento dos que estão em volta. Um dos sentimentos mais completos é o da fraternidade. É ele que soluciona muitos problemas humanos; é capaz de esclarecer, alimentar, fortalecer e curar, levantar o ânimo e despertar alegrias. E todos podem se transformar em Fontes porque têm dentro de si o germe espiritual perfeito que os criou.

Se alguns se fecham em asperezas e críticas mordazes é porque ainda não conhecem o poder de amor que têm no íntimo. Esperam receber, mas não se propõem a dar. Quando houver consciência de quanto os homens podem fazer, tornar-se-ão o alimento recíproco e reinará a paz entre eles.

Nossas palavras não são utopia. Falamos com bases sólidas de experiência. Não acreditamos na força da aridez, mas confiamos na força de suprir. E não somos tolos otimistas: nos baseamos na fria realidade dos fatos!

Trocas psíquicas

Cada vez que se estabelece uma comunicação fraterna entre dois seres, mais e mais eles ficam com possibilidades de amplo entendimento. A troca sutil de energias alimenta a alma e traz a consonância necessária ao diálogo perfeito. A conversação é troca de balsâmicos fluidos. É energia espraiada, bênção capaz de levar à maior amplitude.

O diálogo não precisa acontecer com troca de palavras. Pode verificar-se no terreno racional, sentimental. A percepção do outro se faz quando há abertura espiritual, sem reservas. É justamente quando alguém se abre e entrega o seu íntimo que existe a maior facilidade de compreensão.

O planeta inteiro assiste às trocas psíquicas entre os seres que o habitam. O entrelaçamento de radiâncias faz com que a reciprocidade de alimentar, dar e receber, seja um fato patente.

O homem solitário, isolado de si mesmo e dos outros não encontra meios de trocar energias psíquicas. Nem é alimentado, nem alimenta ninguém. Isso o torna um anacoreta, um ser vazio e por mais que consiga sublimar seus pensamentos, vai permanecer árido e inculto. É como a terra que não se abre ao plantio: endurece, estiola-se, incapaz de produzir. Quando se abre em sulcos e recebe as sementes no seu revolvido ser, começa a encontrar o sentido da vida.

A conversação faz parte da natureza humana. É a exposição do ser interior e a oferta de si mesmo. Quem carece da voz, como meio de expressão, pode usar vários outros meios, inclusive as várias formas da arte. A fisionomia também fala. Quando não se alia à voz, pode expressar-se por si só e dizer o que ainda não foi dito. O sorriso, o aperto de mão e o abraço também são meios de dizer. Mas, só quando há trocas energéticas o verdadeiro entrosamento se faz. E aí a fala chega a ser supérflua porque as almas se escutam e vibram em perfeita sintonia.

Tipos de sofrimento

A certeza da vida espiritual leva o homem a realizar feitos que nem a sua imaginação concebe. As grandes demonstrações de altruísmo estão aí para afirmar que as almas podem superar-se, ir além dos próprios limites. Isso acontece porque não estão mais fechadas em si mesmas, mas abertas à percepção do mundo.

Todos os males humanos e sociais nascem do egocentrismo. Aquele que só se concentra nos próprios problemas, não consegue absorver a essência circundante. E sem receber não consegue dar de si e se acomoda nas próprias aflições. Quanto sofrimento poderia ser evitado só pela abertura aos problemas do mundo! Acontece que os endividamentos anteriores cegam a visão do objetivo mais claro e simples.

Em verdade, quem está a salvo de si mesmo alcançou o divino equilíbrio necessário a todas as superações... Essa conquista pode acontecer de várias maneiras e a mais difícil é a que vem através da dor. É no purgar das feridas, nas dores lancinantes, no abandono das mais caras esperanças e da família, no esquecimento atroz dos outros viventes que a alma acorda, de repente, para a sua realidade eterna. Não seria desejável que isso acontecesse. Às leis supremas não aprazem os rigores excessivos. Mas estes, às vezes, são necessários para encontrar as mais íntimas reservas.

O sofrimento físico e espiritual é o melhor meio de acordar a alma adormecida. E nesse despertar estão incluídos todos os que lhe são próximos, de algum modo. É daí que chegam as provações coletivas. E quando um der apoio ao outro, com certeza será possível chegar ao ponto de entendimento das verdades mais simples.

Os vários tipos de sofrimento aí estão apenas para demover os mais renitentes. As almas dóceis não precisam de árduas lições. Abençoados os seres humildes! Eles alcançarão a luz sem ferimentos inúteis.

Nunca te iludas!

No decorrer do tempo, certas características pessoais se manifestam. Difícil entender a totalidade de uma alma, suas alturas e abismos. Tudo é muito complexo. E só o decorrer das horas, dos anos, das vidas, consegue trazer à tona o melhor e o pior de cada um... E cabe à sadia convivência relevar os pontos mais fracos e exaltar os mais sublimes.

Toda expressão de vida é feita de mesclas, de matizes, de nuances. Não há nada perfeitamente uniforme. É como numa tela: o jogo de luz e sombra é que dá relevo e vida. Aqueles que ignoram o seu próprio processo de evoluir, suas asperezas e contrastes não serão capazes de modelar o seu espírito. Entretanto, é do convívio, dos atritos e da harmonia que nasce a possibilidade de esmerilhar os erros e santificar o lado bom de cada um.

Quem se julga à salvo de erros, jamais cresce em evolução. É preciso olhar para dentro, para bem fundo dentro de si e aprender, assim, as melhores lições. Note-se que também a baixa-estima absoluta não é recomendável. Estar consciente é saber distinguir seus defeitos e qualidades, saber até onde pode chegar e tramitar o próprio desenvolvimento, sem tropeços.

Nunca ninguém se julgue a salvo dos turbilhões da vida. Desde que estamos imersos no mar, é preciso saber nadar nas águas tempestuosas e nas águas tranquilas. Acorda, pois, para a essência de ti mesmo. Não te envolvas, jamais, em fantasias inúteis: pisa o chão da realidade. Põe uma lente de aumento bem próxima para que possas enxergar com nitidez. Nunca te iludas! Os que ainda pertencem ao planeta Terra estão em sólido processo de purgação, cura e aprendizado. Cumpre não resvalar em ilusões, nem se precipitar em passos ilícitos. A consciência diz, com clareza, o certo e o errado: ouve-a sempre e não tropeces mais. Amealha os bônus vitoriosos que te darão muitos créditos, no porvir. Procede à semeadura, pois tu serás o primeiro a colher os frutos.

Compromisso espiritual

Sabe-se, de antemão, todas as responsabilidades de um compromisso espiritual. Aquele que se dá a outro, deve também dar a sua melhor disposição de ajudar e, como dizem os homens "na alegria e na tristeza". Ter afinidades, nos momentos de paz e alegria, de sorrisos e afetos, é muito fácil. Mas, dar cooperação quando o coração se parte de tristeza, dúvidas e desesperança é muito mais difícil. Entretanto, se há verdadeiro amor profundo, o partilhar é natural e não dói. Dividir a pesada carga do caminheiro é o supremo dom do altruísmo. É o que se espera de quem nos partilha o percurso.

Os viventes nunca estão sozinhos. Há muitas afeições que os sustentam. Mas, dentre todas há sempre uma, em especial, moldada inteiramente para completar a outra. E essa é responsável pela felicidade e evolução daquele que a acompanha através dos tempos. Sabe-se que a ventura ali está, à espera, e instintivamente se crê no poder imensurável de Deus, que criou tal maravilha.

E todos têm aquela alma-irmã que sempre os salva dos atropelos das vidas, que os aguarda com paciência e altruísmo, que os protege sempre. Ao amor não custa nada esse devotamento: é muito simples e sem penas. O repartir torna-se a questão máxima da vida, e a dádiva de si o melhor prêmio a oferecer.

A natureza é feita dessa aproximação instintiva, é sinônimo da ilimitada orquestração de beleza com que o Pai rege o mundo. É lamentável que poucos tenham olhos de enxergar a perfeição, para tentar imitá-la. Ah! se os homens vivessem em sintonia com a sua Fonte, muitas desgraças seriam evitadas...

Os compromissos espirituais nunca pesam ou exigem sacrifícios. São deleitosos, mesmo nos momentos difíceis. Quem não está sozinho, encontrou o bem mais caro e esperado. Todos os que estão em parceria devem agradecer aos céus esta suprema dádiva.

Os incentivos

É bom saber apreciar os dons do próximo. Sem este incentivo, muitas obras de valor murchariam, inapelavelmente. Todos vivem em função da aprovação do seu semelhante. Mesmo que ela se manifeste à distância, sempre incentiva a prosseguir. Todos entregam-se com denodo, mas esperam que suas palavras e ações incentivem os demais. Quando isto acontece, há modificações de conduta motivadas pelas palavras; esse é o supremo prêmio.

Ensinar pelo exemplo, estimular as virtudes, tocar a sensibilidade do nosso igual, esse é o processo de reconstrução do mundo. Aprovar é sempre um ato de paz e harmonia que conduz a novas colheitas de harmonia e paz. Tudo é ação e reação no mundo do magnetismo. Recebendo ondas positivas, o outro se expande, deseja abraçar o mundo e mudar para melhor o seu modo de ser.

A indiferença, ou a crítica mordaz, não elevam ninguém, ao contrário, só deprimem. Para levantar alguém é preciso ter confiança e ânimo próprios. Quem está com a face voltada para o chão não pode contemplar as estrelas. Essa é uma questão óbvia e racional. Só o sentimento que sai pela boca, em palavras de ânimo e coragem, é capaz de erguer e levar aos céus.

Se alguém se encontra pobre de esperanças, incentiva-o com as tuas palavras. Diz-lhe das certezas que acumulaste e dos bens que aguardam todos os viventes. Diz-lhe da paz, da harmonia e do sucesso que habitam todos os filhos de Deus. Diz-lhe, por fim, que deve contemplar o horizonte, onde desponta o Sol, a cada novo dia. Quem sabe, sob a bênção do teu estímulo, uma claridade se faça e desperte.

Nunca esperes o resultado das tuas palavras. Dá de ti e passa. Às vezes, o resultado demora, mas se a semente foi plantada, vai germinar em algum momento. E ficarás feliz por teres incentivado alguém, e plantado um pouco de paz no teu caminho.

As bênçãos

O caminho de cada homem é único e provedor de bênçãos. Ninguém imagina quanta ajuda recebe no decorrer da vida. Ele julga-se o único senhor dos seus passos quando, sem auxílio, caminharia desnorteado em busca. E isso acontece com todos, no decorrer dos tempos. Mesmo os mais aquinhoados em luz, necessitam do auxílio fraterno, da palavra amiga, do oásis que lhe amenize a jornada. Não existem individualismos e seres completos. Os que vivem, precisam do apoio dos que lhe são caros, às vezes de modo afastado, mas sempre presentes nos momentos difíceis.

Julga-se que um espírito luminar, superior, prescindiu de bênçãos afetivas. Puro engano. Sem elas, caminharia no ermo da solidão, apático e infeliz. O que o faz vibrar em fraternidade pura e luz incontida é justamente o apoio, às vezes escondido, de almas afins que o nutrem com seu afeto e dedicação. Ninguém produz amor dentro de si, sem primeiro ser embalado por outrem. As lições se aprendem pela proximidade, e contato de vibrações iguais.

É conhecido o fato de que os mais sapientes gostam de repartir-se e repartir seus conhecimentos. Isso acontece até nas mais altas esferas. Ninguém está sozinho, como embarcação à matroca. Quem já sabe reparte, e compartilha dos bens de outrem.

Os espíritos femininos sempre foram propensos à doação e generosidade. Quem prescindiria dessa força às vezes minúscula e oculta? O amor materno é sempre o mais amplo e altruísta. Mas, sempre há espíritos imbuídos desse tipo de amor, a espalhar as bênçãos de renovação entre os seres. Quem tem o privilégio de conviver com almas dessa espécie é sempre um afortunado, porque nunca lhe faltará o desvelo que nutre, revigora e levanta o ânimo. Feliz a alma que ama de forma tão desmesurada, e feliz o mortal que recebe a companhia desse ser angelical que nutre a vida!

Unidade com Deus

Ser um é ser indivisível? Não, até a unidade se diversifica e reparte. Ser um com Deus é partilhar sua perfeição e viver de acordo com sólidos princípios. Entretanto, esse fato não justifica a ignorância de si mesmo. A consciência é uma prerrogativa que jamais se apaga. E é assim que se agrada à grande Lei: repartir-se sem perder a individualidade. Difícil entender, mas as leis são mesmo quase inexpugnáveis. A força cósmica infinita - marca registrada de Deus - está dentro de cada homem. Ela se expande e multiplica e torna cada ser único dentro do grande todo. A personalidade de cada um é respeitada e jamais se perde porque, assim como as flores, cada uma tem sua forma e perfume e serve a determinados fins.

Haveria beleza se, no mundo todo, só houvesse um tipo de flor? O mesmo colorido se iria repetir ao infinito e os olhos que vêm perderiam o deslumbramento.Só o Pai poderia criar tanta diversidade e de tal modo que nunca houvesse repetição de dois iguais. As almas são seres sublimados, cada uma indivisível e desdobrada ao infinito. Ela pode manifestar-se em variegadas direções, sempre sob o impulso de um determinismo superior.

É por isso que uma alma busca a outra com tanta ansiedade. É porque vê na outra o que lhe falta e se encanta com o achado. Então há a ânsia de fundir-se, mesclar-se, produzir algo inconfundível e perfeito, além do entendimento. Quando dois seres se encontram e completam, existe um êxtase indefinível, vontade de penetrar todos os resquícios da personalidade alheia, absorver o que tanto se procurou e empenhar-se por merecer a dádiva.

O fim principal é a unidade com a força primária, Deus, e também a unidade com quem nos completa o existir. São processos idênticos, inimagináveis.

Estado de angelitude

No transcurso das vidas é que se diluem as marcas dos erros e acentuam-se as cores das mais belas virtudes. É assim que o espírito vai ganhando o status de angelitude e se torna capaz de iluminar e servir ao próximo. Esse é um processo que não se efetua por algum privilégio. Todos o podem alcançar. O que conta, realmente, é a força de superação empregada por cada um.

Os tempos perpassam marcando novas jornadas e experiências. Cada uma delas tem um significado e é através delas que se consolida a visão ampliada do filho de Deus. As falhas dos demais se tornam ocultas aos olhos complacentes. Há a perpétua exaltação de qualquer pequenino germe de virtude no coração do próximo.

A emulação sempre foi a alavanca do progresso de todos os aprendizes. E o alto a usa através dos meios de expressão dos espíritos já lúcidos. Há um constante apelo à superação dos limites para obter a felicidade completa. Ninguém é esquecido, todos têm oportunidades pela frente. Não há porque desanimar, nunca. Os apelos ao bem jamais cessam de ser entoados aos ouvidos dos educandos.

Na verdade, há infinita perfeição nas leis criadas e estabelecidas pelo poder superior. Nem se cogita de entendê-las todas, tal a magnitude dos seus princípios. Deve aprazer ao homem sentir-se imerso dentro de sábias leis. Desta forma, não pode duvidar nunca de que seus menores passos são orientados por sábias diretrizes.

Como não deixar ao encargo do alto as vidas que evoluem? Dizem que cada um tem o destino que cria, cotidianamente, e que os próprios pensamentos e vontade erguem as construções de cada um. É verdade, mas não se pode esquecer que não estamos entregue à mercê dos azares, mas dirigidos e ordenados. Construir o destino, até atingir o estado de angelitude é o objetivo a que todos devem se propor.

Admirar e honrar

Cada vez mais nos aproximamos de quem nos é igual. É uma atração intensa, quase inexplicável e tem origem divina. Assim, também, temos ânsia de nos aproximar de Deus, dos chamados santos e anjos e daqueles que já subiram os degraus da sabedoria. É uma atração inata pelo belo e pela perfeição. Queremos completar-nos, entender, respirar novos ares mais puros e perfeitos, amar o alto para também subir.

Assim se explica a devoção para com certos numes do espírito, por certos autores, músicos, poetas, artistas de qualquer sorte. Queremos nos avizinhar, haurir, sorver tudo aquilo que ainda nos falta. Esse impulso é bom porque é o degrau acertado da ascensão. E sempre haverá a quem honrar e admirar no decurso das existências.

Todo aquele que se põe em contato com o mistério da perfeição e a busca, está no caminho de encontrar grande paz. A euforia de quem encontra é inigualável.

Todo aquele que admira quer sentir-se igual. Todo aquele que respeita, reverencia o superior. São etapas de trabalho que igualam todos os homens. Não se pode fugir das contingências do progresso. É uma lei irrevogável. E quem estaciona por uns tempos, sente-se tão impregnado de miasmas, bolor e às vezes de barro endurecido que quer libertar-se das próprias cadeias o mais breve possível.

É assim que se faz a evolução - reta, clara, divina, imensa. Embora alcançada por etapas, é sempre grandiosa, em cada uma delas. Poder-se-ia dizer que cada trecho do caminho é uma lâmpada que se acende, E, no final, o céu pejado de estrelas e sóis, resplandece para enaltecer a glória de Deus.

Não há equívocos: quem deseja subir deve admirar e honrar os brilhos que o circundam, fazer por merecê-los. E depois de tanto aguardar, sorver enfim da Fonte que jamais cessou de acolhê-lo.

O incognoscível

O universo é um aspecto incognoscível aos olhos dos espíritos ainda imaturos. Como abranger tanta magnitude? Por mais evoluído seja, ele sempre andará aos pés do entendimento, até que um dia, plenamente evolvido, possa abranger todas as nuances da criação divina.

Todos têm ânsias de abranger o conhecimento de si próprios que não é senão a cópia do universo inteiro. Somos apenas miniaturas da grande criação. E no dia em que tivermos plena percepção de nós mesmos e da nossa grandeza, nos será mais fácil abarcar todos os segredos que aí estão, apenas irrevelados.

A consciência cósmica é uma etapa da grande subida. Muitas outras esperam o homem, na espiral do seu lento evoluir, porém isso não deve desanimar. Desde este exato instante, ele já pode usufruir de bênçãos incontáveis.

A percepção do todo só se dá quando há plena consciência das partes envolvidas. Cada pequeno parafuso da grande máquina contém a chave. Basta entender o diminuto para abranger a grandiosidade do conjunto. O maior impedimento à consciência é o desinteresse e a falta de atenção. Estar desperto é imprescindível ao entendimento. Aquele que abriu os olhos e meditou no significado profundo de tudo que o cerca, por certo chegará mais cedo ao êxtase da conquista. Como vês, tudo depende de ti mesmo. Deus não força ninguém em sua marcha. E o momento certo é aquele em que te dispões a aprender e observar. Medita: não te esqueças de exercitar os dons do teu pleno eu. Todos somos centelhas e jamais apagaremos essa energia. Mas, é preciso persistência e fé. Sem esses dons, jamais chegaremos ao ponto de chegada.

A vida é sucessão de avanços

Impossível resistir aos apelos do bem e do progresso. Mesmo sem querer, entra-se em sintonia com as vibrações que apelam ao Bem. Isso acontece porque o homem foi criado pela fonte da bondade e da perfeição. Assim como o filho material guarda em suas entranhas, a memória dos genes paternais, assim também todo ser guarda em si a essência de Deus, e tende a ela.

Não é de estranhar que a criatura contenha os mesmos propósitos do Criador. Até mesmo o artesão mais simples sabe impregnar a sua obra da essência de si mesmo, do seu sentimento e intenções. Todo artista também deixa nas suas obras de arte, o seu retrato espiritual. Passam-se os anos, mas os objetos concretos que restam trazem sempre a mensagem de quem já partiu para outros planos.

Daí a necessidade de legar produções elevadas, bons exemplos, sinais da presença. A vida física é assaz passageira, mas tudo que se deixa falará da nossa vivência experimental, aqui no planeta. Ninguém passa numa estrada sem deixar suas marcas: algumas são imperceptíveis, abstratas, etéreas. Mas, as outras estão materializadas em tudo que ficou ao redor. Não há vibração que se perca e quando ela se materializa, temos a prova inconteste da sua presença. Aquele que está em sintonia com o plano espiritual, sabe da sua responsabilidade com os outros seres e com o próprio plano onde vive.

Os movimentos de preservação da natureza mostram que algumas pessoas já despertaram e cuidam do mundo em que vivem, cuidam das dádivas de Deus. Há ainda outras correntes em defesa dos animais, em defesa dos direitos humanos e dos seus deveres. É assim que uma nova consciência vai se formando para sacudir antigas poeiras e acordar novos valores.

Ninguém está imune ao progresso, em todos os sentidos. Porém, é preciso situar-se de tal forma que se tenha consciência dele e se o preserve. A vida é sucessão de avanços, não fujas do teu destino maior!

Pensamento

O pensamento é a mais evidente presença de Deus no homem. É a mais etérea, diáfana, perfeita expressão da origem. Pode-se duvidar que o corpo material provenha de uma fonte divina, mas as idéias, raciocínios, deduções, diálogos interiores, são a prova mais cabal de que o homem é eterno e veio de uma fonte inextinguível.

A grande verdade é que o homem tenta, em vão, deter as idéias em máquinas avançadíssimas, mas só consegue aprisionar vibrações que nem sempre entende. Pode até mesmo, criar aparatos para detonar verdades e mentiras. Mas, o caráter profundo de um homem jamais será detectado em sua totalidade.

O pensamento, assim como os sentimentos, são características situadas na alma. Em vão tentará o homem aprisionar, por exemplo, a fé, a crença, o querer-bem, a sinceridade, ou o ódio e o rancor. São condições abstratas, inexpugnáveis.

É por esse motivo que a evolução completa só se realiza no momento em que for possível conhecer os redutos da mente. É lá que se situam todas as respostas. E o homem continua indagando: onde, como, por que, em que parte, em qual misteriosa gruta se escondem todos os atributos?

Sabe-se que a matéria perecível e passageira é exumada logo após a sua serventia. Mas, não há desencanto quando o homem desperto sabe da sua temporalidade fugaz e acredita, com toda e mais absoluta convicção, na eternidade do seu eu espiritual. Nesse caso, deslindar-se torna-se cada vez mais fácil. Inclusive a imersão em outro corpo, quando for necessária nova experiência.

O pensamento é o único propulsor do destino. Só ele molda e corrige, avança ou retrocede, é capaz de ser feliz ou desventurado. Só o pensamento – divino apanágio – conduz e liberta.

Comedimento

O espírito elevado é comedido em todas as suas atitudes. Não digo que deva perder a extroversão, a alegria, o borbulhar da felicidade. Mas, o equilíbrio se faz necessário em todos os setores e em todas as épocas da vida: ser criterioso, sensato e prudente na alimentação, nos gestos, nas atitudes, nos pensamentos. O verdadeiro santo é sempre o protótipo da conduta digna e esta é apanágio dos que já se elevaram o suficiente na escala evolutiva.

A pessoa deve sempre apresentar-se corretamente, por dentro e por fora, sem arroubos da alma e armadilhas da matéria.. Não estamos falando de atitudes enviezadas, mas de certezas. É preciso certa sobriedade para sentir de perto as vibrações do mais alto. Qualquer desvio nas vibrações, já modifica a receptividade.

Viver em sintonia significa estar cônscio das responsabilidades e atento ao que se lhe pede. Não adianta, entretanto, só um vago verniz. Quando o espírito se esclarece, não mais se permite certas atitudes, e a sua influência magnética é positiva; suas escolhas, em todos os setores, o identificam.

Os exageros são perniciosos e contraproducentes. Examina-te sempre. Estás dentro das medidas razoáveis? Não estás indo muito além, em determinados setores? Não estás exagerando? Quem se coloca dentro de determinados limites nunca está em perigo de extravasar o que não deve. Até a afetividade e as emoções não devem ir além para não perturbar a ordem natural de tudo o que acontece. Riso ou pranto demais são sinais evidentes de desequilíbrio interior. Afeto demais é também sinal de faltas indeterminadas; emoções demais invalidam os melhores propósitos. Tudo deve ser dado na medida certa, sem que com isso o racionalismo frio nos tolha os passos. Comedimento é marca inconfundível de elevação.

Nos confins dos tempos

Quando alguém deseja contar uma história bem remota, geralmente começa assim: "nos confins dos tempos, existia um homem..." Sempre se pensa no tempo como entidade capaz de ter começo e fim. Tal não se dá. O tempo é eterno como o próprio Deus: ultrapassa os limites da compreensão e se espraia no infinito. Todos os viventes são criados dentro dele e tendem à evolução contínua. O único tempo limitado é o da matéria. Tudo que é material começa e termina, como o próprio corpo do homem.

É por viver a intemporalidade que o espírito deve sentir-se sem nenhum limite. A capacidade do seu raciocínio, da sua vontade e dos seus sentimentos ultrapassam todas as barreiras temporais. Mas, poucos conhecem a sua própria amplitude e se auto delimitam; estabelecem muros e dificuldades que não existem e, inclusive entre eles próprios, impõem barreiras inexpugnáveis.

É muito importante saber de sua própria grandeza. Aqueles seres que se encolhem e amesquinham progridem muito lentamente. A noção de asas, de vôos alentados e possibilidades além do corpo diminuto são lições. Levantar-se do chão a que se impõem, sonhar e varar as amplidões são possibilidades dadas a todos.

Os homens nem imaginavam que objetos concretos e pesados pudessem voar. No entanto, aí estão os aeroplanos a quebrar barreiras de pensamento. Ninguém imaginava que corpos pesados pudessem flutuar nas águas. Mas, aí estão os transatlânticos de aço varando os oceanos. Ninguém imaginava que o homem pudesse expandir suas capacidades além de certos limites. Entretanto, aí estão as obras e conceitos de tantos sábios, cientistas, videntes, intuitivos, a mostrar a imponderabilidade das leis físicas conhecidas.

Assim é tudo que foi criado: sempre em expansão, rumo ao infinito. Deves imitar e sorver estas verdades!

Dilúvios

É conhecida a inundação das terras pelas águas, não exatamente como dizem as lendas, mas com profundo significado espiritual. A terra endurecida representa a alma dos homens, ainda rude, ensimesmada, egoísta, idólatra, incapaz de doação. E eis que vem a força mansa e silenciosa das águas para embebê-la, ensinar-lhes o caminho do apaziguamento interior, da cobertura de bênçãos completas, incubadoras de energias novas, adubo à esterilidade.

Desse abraço incomum, dessa recepção, nascem as mais variadas formas de vegetação e também um homem novo, predisposto ao amor, animais mais mansos à procura do seu par, natureza mais humanizada. O que parecia destruição e calamidade - o sofrimento - não é senão o renovar de forças para mais um trecho da jornada.

Assim se dá com todos os viventes. Os dilúvios periódicos nada mais são que momentos de reflexão e dormência necessária à renovação. Daí nasce o indispensável viço. Por incrível que pareça, o inundar a alma e a consciência através da dor faz reaparecer energias incontidas e inimagináveis.

Ninguém quer sofrer. A dor e a penúria são ainda sinais de dívidas cármicas e todos procuram livrar-se delas. Todavia, quem poderá imaginar que por trás das feridas existe a redenção? Sem dúvida, é preciso aceitar os dissabores com conformação, e libertar-se através das virtudes. Sem eles, quem se elevaria espontaneamente, quem iria procurar o entendimento, a ascensão?

Os dilúvios ainda são necessários nos dias atuais, aos homens e nações. Mas é deles que emerge o progresso - vida nova - e santificados passos rumo à elevação.

Estar aberto

Todo aquele que se adapta às circunstâncias está mais apto a enfrentar as mudanças inevitáveis da veste, quando uma experiência chega ao fim. Isso significa não ter apegos às circunstâncias existentes. É preciso fazer o melhor enquanto se está de posse de determinados proventos: corpo, saúde, trabalho, afetos. E também no plano espiritual, quando é preciso retornar à matéria é preciso deixar todos os aspectos vigentes, enfim o "status quo".

Quem sabe ser flexível e aceita as inevitáveis mudanças, não sofre tanto, compreende mais o que acontece. A flexibilidade é uma virtude irrevogável do caráter porque para evoluir é preciso passar pelas mais diferentes experiências: profissões, posições sociais, companhias e lugares de nascimento. Tudo isso molda a personalidade de tal forma que ela se torna universal e perfeita, capaz de compreender a todos e de se fazer compreender. Então as vibrações não estarão voltadas para uma única direção, mas serão abrangentes e fraternais.

Dar-se é também abrir-se. A Deus não satisfaz o individualismo que se fecha em egoísmo, e tanto se circunscreve que não mais recebe a luz solar. É preciso ser mar aberto, praia espalhada e não gruta escura. É muito mais fácil evoluir aquele que se liberta de personalismos, melindres tolos, orgulho fantasiado de superioridade. Se se deseja imitar algum mestre, note-se que todos são muito humildes, abertos às dores alheias, ombro amigo, voz que se expande.

De que vale conseguir excelsa sabedoria se esta não é posta a serviço do próximo, se não sabe dar e pedir ajuda, estender os braços, colaborar, repartir? A vida deve ser o protótipo da abertura, sem medo de mostrar as próprias debilidades, e desejar sinceramente extirpá-las. De que adianta existir para se fechar numa concha? Vida deve ser sinalização da presença divina em cada homem e esta presença não é mais que o inigualável sentimento de amor ao próximo.

Cicatrização

Ferir é simples: acontece sem que seja esperado; é rápido e em poucos segundos nascem profundas feridas, talhos profundos. No entanto, para que haja a volta à normalidade, quanta paciência e cuidado são necessários- tratamento, desvelo, atenção, tempo e, principalmente desejo profundo de restauração.

Assim são as feridas espirituais: leves ou graves, acontecem sem que se espere, mas levam muito tempo para curar-se. E estas são ainda mais difíceis do que aquelas que acontecem no corpo físico.

Para que haja a cicatrização completa deve-se contar, principalmente, com a ajuda do tempo. Todavia, ninguém quer permanecer muitas horas magoado, dolorido. Então, há uma medida de urgência - o perdão. É o melhor paliativo, o bálsamo seguro. Porém, não é possível administrar esta poção de longe. Deve-se ir ao encontro de quem nos feriu e tentar compreender suas razões. É difícil, mas a resposta virá.

Há muitas lesões que deixam apenas leves marcas, quase imperceptíveis. Mas, há outras que deixam marcas indeléveis. É por esse motivo que se deve tomar extremado cuidado para jamais ferir alguém. As marcas não ficarão apenas com o outro, mas também dentro daquele que feriu.

A melhor maneira de viver em harmonia é viver o magnífico preceito "amar ao próximo como a si mesmo". Com isso não nos permitiremos magoar a sensibilidade do semelhante, apenas enaltecê-la. Dizem que "aquele que com ferro fere, com ferro será ferido". É verdade: toda nefasta ação volta-se logo para quem a praticou.

Curar as cicatrizes consiste em ir além dos cuidados, atitudes alertas. Não se deve ferir nem mesmo em pensamento. Quem vigia o próprio interior está consciente, e afasta para longe qualquer voz rude, aliciadora do mal...

Devaneios

Para fugir da difícil realidade da evolução, do aprendizado árduo e racional, muitos seres se perdem em devaneios, castelos no ar, escapadas do tempo real. Esses momentos, que deveriam servir apenas como higiene mental transitória, transformam-se em hábitos. Toda fugida das ações concretas só é válida para os artistas, antes de realizarem certas atividades. Eles necessitam de um clima mais fluido e diáfano para fazer sobreviver a sua arte.

No entanto, quem quer evoluir não pode permitir-se viver em devaneios improdutivos. Deve pôr os pés no chão, e de olhos no céu, realizar suas tarefas, dedicando-se ao trabalho, estudos, aferições e conclusões. Os espíritos mais evoluídos preferem ausentar-se da realidade nos momentos de descanso, e se entregar à meditação sobre os reais valores da passageira vida material. Isso é também uma espécie de fuga para recolhimento de sabedoria e energias renovadas.

Os devaneios só são válidos no preparo e planejamento da ação. Quando vazios de sentido, são meras dispersões. E todo aquele que sabe a responsabilidade de suas ações, não se dispersa nunca.

A vida é, acima de tudo, evangelização do próprio eu através de tarefas construtivas. Não se chega ao porto pela força indomável das águas. As próprias ondulações do oceano devem ser postas a serviço da chegada. Atingido um estágio, logo começa o outro: tal é o propósito. E quem se perde em divagações está escrevendo um romance estéril, sem sentido para si mesmo e para o próximo.

O evoluir requer esforço próprio. O destino não empurra ninguém. A felicidade é conquista diária da paz, através de santos valores. Há, sem dúvida, muitas miragens de lagos e tamareiras no meio do deserto. Mas, estas se desfazem quando alguém se aproxima. Os verdadeiros bens não fogem do alcance de quem é lúcido e desperto.

Nas teias do incognoscível

O homem-espírito está emaranhado pelo desconhecido. Está consciente de si e de tudo que esteja próximo, mas desconhece o que vem além da medida dos seus olhos humanos, envoltos por incógnitas. Gostaria de desvendar, mas ainda não pode. O poder de suas asas não lhe permite altos vôos, mas se sente no direito de dominar o mundo circundante com suas imposições e vontades.

São raros os espíritos humildes a ponto de considerar-se poeira na grande imensidão cósmica. O interessante é que justamente esses são os capazes de interpretar a grandeza do todo. É da simplicidade do coração que nasce a grandeza suficiente para saber dos mistérios.

Mas, as virtudes não nascem de um dia para o outro, como cogumelos. Elas apontam e desabrocham com a lentidão dos fatos imperecíveis. E o amor altruísta também é planta rara nos jardins da experiência terrestre.

Tudo à volta é ainda envolto em nuvens. Elas hão de se dissipar quando surgir o sol do entendimento. Mas, enquanto isso não acontece, há de viver-se exatamente como o cego, envolto em panaceia.

Na criação, tudo é extremamente simples e belo, sem mistérios. Assim foi feito para que o homem a pudesse imitar. Em suas andanças siderais ele tem ligeiro vislumbre, porém ainda não está apto para assimilar o todo, envolto em teias de limitações presumíveis.

Cabe a cada um desvencilhar-se dos emaranhados em torno de si. Ninguém vai libertá-lo e deve, por si mesmo, levantar o véu que encobre a realidade.

Os obstáculos hão de ser desvendados quando a claridade não mais ofuscar, mas direcionar para o caminho correto. É aí, então, que se fará visível toda evidência, e não mais haverá mistérios dentro e fora do homem.

Magnificência

Nos tempos próximos à data natalina, nota-se brilhar a imaginação do homem: enfeites, luzes, flores, guirlandas, por todo o lado. Cada um se esmera mais em ornar a própria casa. E isso acontece não só nos lares cristãos. Cada um a seu modo, faz deste momento um reduto de festa. Até as vibrações se amenizam e não fosse a azáfama da ocasião, dir-se-ia que os homens subiram degraus em fraternidade.

No entanto, amigo, seria desejável que atrás de toda magnificência material, despontasse com mais pujança a magnificência dos bens eternos: amor, caridade, doação, paz, compartilhamento, palavras de luz. Se tudo isso existisse, então sim o Natal teria um profundo significado. É lamentável que ainda existam rancores represados, maledicência, inveja, egoísmo. Estes males azedam o panorama. Portanto, quem se vê da posse deles, deve redimir-se o quanto antes.

Celebrações são bem vindas, principalmente as que têm um cunho religioso. Nessas ocasiões se exorta o sentido do bem e os melhores propósitos são renovados. A esperança volta a aninhar-se nos corações. Espera-se que nova chama brote das cinzas quase mortas.

E há, então a espera de um novo ano, de novas oportunidades e vivências. Existem mil promessas no ar; é como se a colheita se completasse e revigorasse o desejo de outro plantio. Há renovação de votos e promessas. Cada um deseja o melhor, e também melhorar-se. Todavia, o novo ano entra e adormece esse lampejo e volta-se à antiga rotina.

É lamentável que as pessoas tenham mais planos do que realizações. Se cada um se dispusesse a agir no bem de si mesmo e do conjunto, o progresso seria inestimável. Portanto, cimenta em ação os teus mais tênues ideais e abre com chave de ouro um novo ano.

A História

Nos antigos tempos, a História era escrita com a parca experiência dos primeiros habitantes da Terra, e havia pouco a narrar. Com a vinda de alguns luminares, os fatos exaltaram a coragem, o determinismo e a solidariedade. Passou-se a dar mais significado às coisas do espírito. Mas, a maioria dos viventes ainda nascia e morria sem deixar quase nada em relevo.

Com a lei e a evolução material, tudo progrediu: os homens e as tarefas, o meio-ambiente e a nova concepção dos valores. Aprendeu-se a discernir e viver em grupos. Novos aparatos foram postos à serviço da comodidade e do bem-estar. Porém, a evolução espiritual não se deu no mesmo ritmo e as criaturas se viram cercadas de conforto e vazias de emulação. Foi daí que nasceram as doenças da civilização, quase intratáveis por meios comuns.

O panorama é este: o homem em sua ilha, a usufruir dos bens que conquistou e cercado por inquietações e dúvidas por todos os lados. E o que se nota é a divisão desigual dos bens de consumo: alguns com bilhões de sobra e outros mal tendo com que se alimentar.

A ausência de leis espirituais faz nascer as desigualdades sociais, as moléstias, as crises dentro do próprio núcleo familiar e dentro do mundo. Quase ninguém se encontra plenamente satisfeito. As vibrações ainda são dissonantes. Embora exista o progresso material, há muita falta de caridade genuína. Embora haja campanhas de solidariedade e grupos que se expandam em amor, ainda faltam os meios de conquistar a felicidade verdadeira, a paz interior, a mirada de ideais enobrecidos. A História continua a recalcitrar em passos mancos...

Infinitesimal

O homem é ainda a máxima e mais perfeita criação. E, no entanto, não sabe de sua grandeza e se deturpa em corpo e alma. Veste-se de andrajos quando poderia ostentar a mais rara veste. Alimenta-se de vibrações negativas, quando poderia ter ao seu alcance o manjar dos deuses. Ama com restrições quando poderia abraçar a humanidade com o calor do seu afeto.

O homem tem o máximo poder de expansão: pode dirigir-se aos mais longínquos pontos através do pensamento. Mas, se circunscreve aos limites pequenos que a si próprio se impõe.

No mundo infinitesimal, átomos, moléculas e todas as vibrações sutis estão à espera de ser manipuladas. E, para o maior espanto, essa força ainda é ignorada. Quanto faltará para que a inteligência humana possa ser utilizada com proveito?

Deus criou o homem com a mesma matéria prima com que criou o universo; não fez distinções. E isso aconteceu para que pudessem se entrosar e trocar energias.

No espaço, e mesmo dentro da matéria, o mundo pequeno ainda é exemplo de magnitude. É entendendo o infinitesimal que se chega ao pálido vislumbre da grandeza cósmica, mas esta é ainda incognoscível, embora capaz de proporcionar a plenitude ansiosamente buscada,

É preciso nortear os passos em direção à solução dos mais simples mistérios. Olha a tua volta, deslumbra-te com a perfeição que notas. Enaltece-te entrando em comunhão. Só assim serás capaz de tornar-te imensamente grande e indestrutível. Não é, entanto, o poder sobre ti mesmo o grande prêmio. O maior deles é a consciência do poder sobre toda a criação, inclusive sobre o bem mais maleável: teu próprio destino.

O infinito

Os homens sempre cogitam de sua finitude. A morte é tema recorrente em todos os cérebros. Não há aquele que, em sentindo aproximar-se o fim de suas células materiais, não sinta um certo temor. Por maior seja a certeza da continuidade da vida em outro plano, a presença do desconhecido assusta um pouco, a não ser que a pessoa esteja anestesiada ou inconsciente.

Mas, é um processo já vivido anteriormente, várias vezes. O nascer e o morrer são sucedâneos e fenômenos extremamente naturais. Entre as plantas e os animais não existe sofrimento antecipado. Cedem à realidade de forma simples.

Difícil ao homem conceber o infinito de sua existência. Se dele tivesse mais certeza viveria de modo mais amplo e sossegado. A idéia do fim é realmente trágica para quem está muito apegado aos fatos materiais. Abandonar tudo e partir é pensamento que não agrada. Quem está mais apegado aos seus bens e às suas idéias acha difícil deixá-los. É o antigo sentimento de posse que não se desapega do indivíduo. Afinal, o homem luta tanto para adquirir os seus guardados: casa, carro, propriedades, familiares, afetos. Desfazer-se é como tirar as fibras mais íntimas da sua personalidade.

No entanto, quão mais fácil seria possuir sem apegos! Possuir sabendo que na bagagem só irão os bens etéreos adquiridos: fé, coragem, paciência, altruísmo, amor. Em verdade, as malas assim carregadas, serão leves como o ar, e transportadas automaticamente. Ninguém precisa carregar o seu estoque de virtudes. O que deixar para trás serão apenas as obras abençoadas: todo bem que semeou e dividiu, bons exemplos e palavras, imagem de paz-serena em sua fisionomia. Isso tudo terá continuidade porque será lembrado pelos homens e por Deus.

Artesões

Todos os seres são artesões do próprio destino. Existe um substrato divino prevendo as linhas mestras do existir. Mas o homem tem em suas mãos o poder de escolha e decisões próprias sobre o modo de agir. Quem foge demasiado daquilo que estava previsto, não consegue meios de auxílio nas horas mais difíceis do aprendizado.

A matéria prima sempre está lá, à espera da mão de obra. Muitos desdenham essa matéria e perambulam dando voltas e mais voltas, sem encontrar o significado da própria vida. Sentem-se vazios, desnorteados. Se os homens compreendessem as obras de arte que podem realizar, seriam artesões mais eficientes.

A vida sempre foi produto de tessitura: ponto a ponto, a obra da evolução se estabelece. Mas é preciso arte e sabedoria; sem o esforço pessoal, nada se concretiza. As mutações se sucedem e as diversas pausas podem ter causas físicas ou espirituais.

Quando o corpo físico se põe à revelia e desobedece às ordens da alma, prosperam moléstias capazes de atrasar o curso normal do aprimoramento. Quando o espírito boceja de tédio ante as tarefas, então há também a parada obrigatória. É hora de contemplar o que foi feito e depois prosseguir.

Muitos perdem a experiência do existir sem realizar as grandes promessas. As mãos do artista nato se esquecem de moldar a delicada argila, ou de tecer os inextrincáveis fios, ou de pintar os matizes de determinado quadro, ou de transformar a palha em fios de ouro transcendente.

Se o artesão se esquiva, ninguém fará por ele o trabalho de arte. Sua vida será estéril e não deixará lembranças dignas de crédito. Então, ao terminar mais uma etapa, verá que deixou desmoronar os limites do seu sonho e vai chorar a amarga desventura.

Refúgio

Na vida existem muitos refúgios à luta: uns úteis, outros fúteis, alguns produtivos, outros mera fantasia. Urge lembrar que os verdadeiros recantos de paz e refazimento estão junto da natureza, ou junto de Deus. Quem não pode usufruir as bênçãos do ar rarefeito, do mar ou da montanha, deve encontrar apoio no seu refúgio interior, de paz e meditação. Todos eles refazem para a continuação da jornada.

Saber que é preciso ausentar-se, por momentos, das preocupações e canseiras é atitude sadia. Tudo deve refazer-se: os tecidos os órgãos, a mente, as células neuronais, a constituição e fisiologia do homem perecível. Alimentar a alma é imprescindível ao viço do corpo. Quem não descansa nunca e se esgota em atividade contínua, perde mais rapidamente as reservas.

Tudo na natureza obedece a determinado ritmo: o mar, as plantas, os animais, o próprio homem, tudo se submete a ele. É inquestionável que tudo que se usa sem descanso acaba fulminando a si mesmo. Já experimentou deixar um aparelho elétrico ligado interminavelmente? Há o natural esgotamento. As válvulas, pilhas, sensores e tudo o mais que tenha vida deve obedecer a pausas periódicas.

O equilíbrio ainda é a base da durabilidade e da vida continuada. Qualquer atividade sem ritmo ou medida, desgasta e se desgasta. A vida é feita de etapas múltiplas, e cada uma tem a sua finalidade. A natureza é o maior espelho e a mais antiga lição a ser aprendida. Quem a imita procura sempre os refúgios certos, na paz, na meditação, na pausa propícia, no recolhimento e no perdão. Só quem se respeita é capaz de respeitar determinados ritmos. A pressa é a maior vilã dos tempos modernos, e deve ser posta de lado por quem deseja sobreviver.

Circuito interno

Todos têm um circuito interno de comunicação com as vibrações de pensamentos, seja de encarnados ou desencarnados. Posto isso, devo dizer que, de alguma forma, todos são medianeiros do mundo mental dos seus semelhantes. E o que se internaliza, evolui e se transforma e é por sua vez transmitido para outros centros anímicos.

Há uma verdadeira rede de vibrações a entrar e sair de cada alma, e embora ela não perceba, é com esse material que é construída a aura do mundo. Veja, então, que todos são responsáveis como emissores e receptores. Em torno do planeta e dentro dele há também um circuito vibratório. São petições, súplicas, revoltas, amor e ódio se expandindo em ondas que se avolumam, são expelidas e voltam sempre ao ponto de origem.

É difícil compreender o campo ilimitado da energia. Mas mesmo que não se possa senti-lo em totalidade, é possível deduzir sua enorme influência.

Cada ser é responsável por sua quota-contribuição ao mundo circundante. É também responsável pelo bem ou mal que faz, mesmo inconscientemente, toda vez que se conecta com o seu semelhante. Se alguém ao despedir-se de ti se sente mais leve e apaziguado, feliz pelo encontro, sorrindo por dentro, isto é prova de que a tua presença é saudável.

O circuito interno de vibrações mundiais determina a aproximação ou distanciamento dos povos. Se cada um soubesse o quanto é responsável pelo conjunto, frearia mais as vibrações antifraternas e construiria um lugar mais humano para a sua morada cósmica.

Então, o despertar para a realidade é a grande solução para todos os problemas. Vibra em paz e alegria e o progresso tomará conta do teu ambiente.

Desfaçatez

É extremada tolice pensar que o homem é a principal essência do mundo, que ele manda e desmanda no seu destino, que não depende de ninguém e pode construir sozinho os sonhos que almeja alcançar. Ninguém tem esse poder. A equipe de trabalho e evolução se forma antes do espírito encarnar. Há muitos imbuídos do mesmo propósito, abraçando a mesma causa.

Quando o indivíduo percebe que não é onipotente e se curva ao mistério, então aprende a estender os braços e a contar com o auxílio de outras mãos. Desde a alimentação, à instrução, aos socorros médicos, enfim, tudo aquilo que o homem precisa para sobreviver, lhe vem do seu próximo. No próprio corpo, os órgãos se harmonizam para executar determinadas funções. Sem essa colaboração, o ser definha e morre. Tudo que existe está em co-dependência. Ninguém cometa a desfaçatez de pensar que é insubstituível e onipotente. A cooperação é a maior lei da vida, e embora o alto nos queira senhores dos nossos atos, não programou ninguém para bastar-se a si próprio.

Tudo na natureza mostra ao homem que a cooperação é a lei inequívoca. O fruto para nascer, depende da terra. O navio para prosseguir, depende da água. E assim por diante... Ninguém sobrevive sozinho.

A força do conjunto se mostra nos fatos mais simples: os dedos das mãos se unem para realizar a sua função; as pernas precisam ser duas para manter o equilíbrio. A venda e troca de bens de consumo, a existência de leis pensadas por outros para manter a vida em sociedade, a própria vida não é senão um emaranhado de pura colaboração, em todos os setores. O grande doutor não pode dispensar o funcionário que recolhe os detritos. O alto precisa do mais baixo para se resolver e expandir.

Encerramento

Eis que os anos se sucedem, e mal termina um desponta outro, em busca da evolução. Não há tempo sem propósitos definidos. Cada etapa marca um trecho do percurso a ser cumprido e sempre existem lições a colher. Os sucessos e insucessos são meras lições.

Dentro de cada trecho, se cumprem determinadas metas, encontram-se determinados companheiros, aprendem-se lições e preparam-se os degraus seguintes. Não há espaços vazios. Cada segmento da vida é predestinado ao aprendizado. O melhor trecho do caminho é sempre aquele que deixa melhores frutos e lembranças. A felicidade é assim: sorvida no momento e lembrada pelos tempos afora.

A evolução se faz imperceptivelmente, mas a cada novo ano as promessas de crescer se reacendem. É essa a razão dos calendários humanos, vencer etapas mais curtas e acelerar o progresso coletivo.

Sabe-se que o tempo é algo relativo e que é preciso determiná-lo, aprisioná-lo em calendários e relógios. Daí se faz a história dos povos e de cada homem. Se a vida carnal é efêmera, deixa, no entanto, marcas em cada um. Olhando-se o que passou, nota-se que tudo tem um encadeamento lógico. Os fatos e as pessoas, os grupos de afinidade, as falas de cada companheiro ou desafeto sempre são importantes como ponto de referência.

Nada e ninguém está jogado à mercê da sorte. O determinismo, a sobriedade e a programação efetiva estão dentro de cada ser. E não nos cabe perguntar diante da vida: "Por quê?" Tudo tem a sua causa-origem. Nada nasce de geração espontânea. Tudo que se emite, volta ao ponto de partida. Sendo assim, sabemos que somos os criadores do destino. E ante essa imensa responsabilidade, não é lícita a distração ou a preguiça. Urge criar destino sólido, e ao encerramento de cada etapa, reconhecer a mão de Deus em tudo que nos aconteceu.

Deslumbrar-se

Não cabe a ninguém deslumbrar-se com os próprios feitos. Deve, ao contrário, ser como a violeta, perfumando escondida entre as folhas, sentindo-se imerecer todas as bênçãos que a visitam.

O maior exemplo de humildade foi o Mestre Jesus. Ele nasceu pobremente, usando palhas como berço, cresceu em profissão simples, ganhando parcos recursos, vestia-se com uma túnica, usava sandálias de couro, não cursou Universidade, não conviveu com pessoas ilustres. Foi o protótipo da simplicidade, mas suas palavras foram entendidas por ignorantes e por sábios. Preferiu a companhia de pescadores. E seu corpo foi aniquilado porque não se tolerava a luz que dele se expandia.

O Mestre evitou todo tipo de homenagens e elogios e sua visão de vida o afastou do convívio social. Viveu quase que isolado, não teve a companhia de esposa e filhos. Poder-se-ia dizer que foi apenas um eremita. E, no entanto, seu exemplo de vida perpetuou-se e sua filosofia criou uma religião.

Houve outros líderes e outros vultos. Ele não foi o único a ser crucificado, nem o único a receber martírios. Mas, sua alma excelsa expandiu-se pelos séculos porque já emitia luz ao nascer na Terra. As palavras pronunciadas não eram eruditas. Ao contrário, falou por parábolas, para se fazer entender por todos, até pelas crianças.

Houve, dentro dos tempos, espíritos lúcidos e sábios. Todos compartiram o resumo de suas convicções, mas só Jesus deixou uma história incorruptível e dadivosa, capaz de perdurar através dos séculos.

Ele é o exemplo, aquele que merece ser seguido em todos os preceitos. Mas, só um bastaria para engendrar uma revolução social: "ama ao próximo como a ti mesmo". Este é o ápice de sua doutrina imorredoura.

A vida após

Embora haja muita prevenção sobre o desligamento da alma, este é inevitável. O corpo é apenas veste passageira. E então nos vemos novamente, de posse da essência eterna. E todos se perguntam como é a vida no plano espiritual.

Ela segue os mesmos padrões. Se alguém é calmo, sóbrio, cumpridor do dever, caridoso, conformado, essas qualidades compõem o tipo de vida que vai ter. E então situa-se num lugar semelhante ao que o espírito deixou no plano físico - apenas mais diáfano, etéreo. As vestes são mais fluidas, mas têm textura, colorido. A alimentação é exatamente igual, porém farta de produtos naturais, menos pesados. O trabalho é constante; não se admitem braços parados. A diversão também é necessária e consiste de música de todos os tipos. Os ambientes se comportam e existem de acordo com a vibração, dos que lá estão. As relações sociais são preservadas, e também as hierarquias, a autoridade e as leis. Não se entenderia qualquer agrupamento sem leis demarcadas. As famílias continuam a existir, e também os círculos de amizades. Enfim, nada muda mas existe, quiçá, de forma mais aperfeiçoada.

A rotina ainda é necessária: horários de trabalho e lazer, tarefas no próprio núcleo habitacional e, principalmente, na crosta, no plano dos homens encarnados. Há tarefas de assistência física e espiritual, dos quais se deve dar conta expressa. Nada vive ao léu. A disciplina é a palavra-chave.

Muitos pensavam que a vida após a morte seria um eterno flanar, em meio a nuvens de despreocupação. Tal não se dá, a evolução requer esforço; o estudo e o aprendizado são constantes. Os cursos se sucedem, as tarefas se multiplicam. A ociosidade não existe nos planos mediamente evoluídos.

Arrecadar

É preciso arrecadar os bens de que vamos dispor no futuro. É uma espécie de bônus para as eventualidades do amanhã. E esse arrecadar não será em termos de posses materiais, mas de vitórias do divino sobre o humano. São moedas intangíveis, cada uma delas correspondendo a um ato ou pensamento enobrecido, cada uma delas correspondendo à renúncia dos bens terrenos, em favor da espiritualidade.

Ninguém enriquece ilicitamente. A troca é perfeita: só recebe quem dá de si, melhora seu eu, evolui, cresce. Não há como ludibriar as leis perfeitas de Deus. A riqueza espiritual é sempre fruto de evolução e daquilo que se plantar. Em vão se tentará remexer a terra se ali não foram plantadas as sementes. A colheita espiritual é muito mais difícil do que o plantio da riqueza material. Muito é exigido de quem muito recebeu. A troca é perfeita e imutável no correr dos tempos.

Arrecadar bênçãos exige estudo, dedicação e tempo. Ninguém enriquece do dia para a noite. Tudo é trabalho milimetricamente planejado. As leis são sábias e perfeitas.

Toda doação espontânea tem alta cotação no mercado das ações. Aquele que se dá sem exigir está sem dúvida aproximando-se da abundância espiritual, a qual nem todos auferem. Ser contemplado pela sorte e bem-estar é fruto apenas do esforço em melhorar-se e melhorar o mundo circundante. Não há milagres, embora estejamos mergulhados num campo de abundância infinitamente generoso. Imitar a sabedoria e grandiosidade do universo, é desvencilhar-se do egoísmo, pensar nos outros, incomodar-se com a ventura dos semelhantes. Ser dadivoso e desinteressado é o lema de todos os milionários do espírito.

Envolvimento

Não existe ninguém completamente só. Todos estão envolvidos por vibrações pessoais ou alheias. Esses núcleos de força determinam muitos acontecimentos na história dos povos e na história dos homens. Eles são o fulcro de muitas ações incompreensíveis, tanto no bom sentido como no mau.

Ninguém pode ser considerado o exclusivo senhor do seu destino. Tudo que ele pensa atrai forças as mais diversas. E são essas forças que mobilizam outras forças, num entrelaçamento notável.

É de espantar o mundo de energias despendidas por cada homem. Por mais humilde seja, ele é uma usina emissora e receptora de impulsos elétricos que o constrangem à ação. Desde a infância, os espíritos acionam as mais diversas companhias e os empreendimentos e palavras nunca são solitários, mas compartilhados.

Quer isso dizer que o homem não é responsável por suas ações? Não! Cada ser atrai o que cria em sua mente e está sempre em companhia de suas próprias convicções. Tudo que acontecer por seu intermédio é responsabilidade sua, seja nos atos construtivos ou destrutivos.

Se todos estão envolvidos pelas mais diversas vibrações afins, isto não os exime de serem os principais autores dos seus feitos. É sem dúvida notável a influência dos espíritos guardiães, mas o mérito ou demérito não é apenas daqueles que inspiram. Ninguém consegue envolver, à revelia da vontade do outro. Assim, também, ninguém hipnotiza quem não se larga à influência alheia. Deus fez de cada homem senhor e não escravo. Cada um é dono do seu destino. E é por ser responsável por ele que deve portar-se com dignidade e harmonia. Só assim atrairá ajuda benéfica.

Emaranhados

Nem todas as lições chegam claras e nítidas. Algumas até parecem estar escondidas num emaranhado de fatos incompreensíveis. Mas, todas elas são, a seu tempo desvendadas. Sempre se colhe o sumo das grandes admoestações e de todos os incentivos ao progresso.

O que parece um mal é, geralmente, um remédio disfarçado. Cada dificuldade é uma lição e dela se colhe o necessário conhecimento. Talvez nem todos concluam que as grandes lições vêm embutidas em tarefas desagradáveis. Parece, à primeira vista que o homem nasceu para sofrer. Mas, assim não é. Assim como o pai ensina amorosamente à criança, que o fogo queima, que as tomadas de luz podem dar choques, que a água em excesso pode afogar, assim também recebemos as lições.

É claro que sem meditar ou procurar extrair o sentido profundo de cada fato, a vida parecerá sucessão de contratempos. Entretanto, à medida que o pensamento é posto a serviço da lógica, ver-se-á que tudo tem uma razão de existir. Tudo leva explícita uma lição salutar.

As experiências terrestres, uma após outra, são incentivos ao progresso. Às vezes o próprio emaranhado interior, a desordem mental, a desorganização das idéias suscitam o pensamento de que estamos jogados à sorte. Mas, tudo tem um propósito definido. Não há acontecimento em que não venha embutida uma lição. Será possível não perscrutar para saber o fim a que se destina determinado fato? Quem se nega a pensar no assunto posto sob seus olhos, vai demorar para aprender as lições essenciais. Aprendido o conteúdo, o aluno não fica preso ao mesmo estágio: é liberado para novas conquistas.

Todavia, no emaranhado dos fatos há sempre uma lição profícua a ser aprendida para sempre. Se raciocinares verás que em cada contratempo há uma lição. Aproveita-a para o teu progresso.

Disciplina

Faz do teu concurso algo conducente com a responsabilidade de servir. És apenas o meio, mas sem ele nada seria possível. Toda tarefa inclui o trabalho de equipe: ninguém está sozinho na grande jornada. É por isso que a colaboração é necessária.

Esta é apenas uma etapa do caminho. Mas, já houve outras semelhantes, e haverá muitas no futuro. Todos os que trabalham em grupo sempre se encontram para a realização de tarefas. Se no passado havia pouco ou nenhum conhecimento das comunicações interpessoais e do intercâmbio entre o mundo material e o espiritual, ainda assim muitos trabalhos foram realizados, embora inconscientemente. E no mais além, outras tarefas virão, em benefício dos demais.

Não é lícito supor que um espírito possa manifestar-se sem ter um meio de expressão. Ele até pode disseminar suas idéias intuitivamente, mas o resultado é sempre incompleto.

A percepção do mundo espiritual, a certeza da presença, facilitam o intercâmbio. E é necessário que assim seja porque o mundo está sedento de certeza e confirmação da vida eterna. Muito embora o homem pareça estar pleno dentro do seu arcabouço material, falta-lhe o sopro da convicção em algo que se perpetue e siga mais além. E essa certeza absoluta não vem ao acaso, está programada pelo alto.

Sem merecimento, nada seria possível. Quando há confiança a oportunidade se molda. A vida é feita em etapas consecutivas e nada se faz de improviso. É necessário ter disciplina, boa vontade, paciência. Quem não tem essas qualidades, precisa adquiri-las. Até para os serviços mais rudes e simples é preciso determinismo e programação. Se o homem não estiver imbuído dessas virtudes, é preciso adquiri-las o quanto antes.

A disciplina é indispensável. Ninguém pode viver eternamente em estado pueril. O universo é exemplo de ordem e discernimento.

Médiuns

Os médiuns nada mais são que meios da atuação alheia. Portanto, todos têm esse dom e o exercem. Sendo o mundo rarefeito a tônica habitual, todos transmitem vibrações, idéias, sentimentos. É um erro pensar que só dentro da filosofia espírita a mediunidade seja exercida. Ela o foi em todas as épocas, dentro das mais variadas filosofias e ambientes. Sempre houve idéias a transmitir e sentir, e num vai e vem contínuo a matéria etérea é plasmada.

Sem dúvida, tomando consciência desse fato, mais e mais atenção deve ser voltada para o mundo invisível. Estando alerta, a pessoa não se deixa envolver por vibrações negativas: não perturba, mas ergue o ânimo.

Em poucos tempos, mais atenção e estudo serão dados ao controle das faculdades psíquicas. Aliás, isso já é patrimônio de alguns despertos. Sabe-se, de sobejo, que o pensamento e a emoção acionam ações. O chamado destino não é senão o roteiro impresso no éter pela força interior. Perguntar-se-á, então: por que existe a dor? A ninguém apraz sofrer e, no entanto, aí estão as misérias, desencontros e aflições criados pelos homens. É que além da falta de consciência do poder, ele tem desbaratado suas energias ao criar malefícios incompreensíveis. Dirão outros que a culpa é do poder superior que não dá a todas as criaturas a consciência da força dos seus pensamentos. Não... A culpa é do próprio homem que acomodou-se e esqueceu de progredir. Quando tomar consciência de que é medianeiro, não vai desperdiçar oportunidades de criar um destino produtivo.

Conhecer o seu poder de criar e transformar é a grande tarefa do homem deste século. Enquanto não a realizar, continuará desgastando os seus dias em tarefas inglórias e penosas. Cabe a cada um despertar para a força mediúnica do seu ser.

A tora de madeira

Um objeto inanimado não pode raciocinar, mas, na mais íntima essência tem o sopro de vida da inteligência cósmica. Por incrível que pareça, ela também vibra. Nada é estático ou insensível porque em cada coisa está impregnada a marca de origem. Parece, à primeira vista, que uma tora de madeira a flutuar nas águas, não tem vida inteligente que a anime. Tal não se dá. Cada criação está impregnada por fluidos e sinais elétricos da memória que a criou. Seu destino não está norteado porque segue à mercê da influência das águas. Mas, não está totalmente morta, sem ação.

Assim acontece com certos homens. Parecem vazios de sentido, levados à mercê da correnteza, mas no íntimo agasalham um destino interior, de tendência ao progresso. Nada está esvaziado de vibrações e quando não lhes são próprias, carregam as influências do meio circundante.

Dá a impressão de que o homem, em sua complexidade, assemelha-se a algo levado ao sabor do acaso. Poucos pressentem a grandeza das energias existentes no âmago. Mas, o universo é energia plena e inconfundível. Num simples graveto está a fisionomia da árvore que o gerou. Assim também na pétala da flor, no perfume invisível, no pólen e nos espinhos vamos encontrar Deus. É só procurar e permanecer ciente de que nada é estático, tudo evolui para um fim mais alto.

Se menosprezas o diminuto, não irás encontrar o grande. Em tuas inquirições, parte sempre da origem. Lá está a essência toda do que andas buscando. É sabedoria comum o fato de encontrarmos o maior nas partes diminutas. Em tudo existe uma sacralidade ainda incompreendida. Quem busca, há de encontrar as respostas dos magnos problemas, nas manifestações humildes de toda a natureza. Já disse o Mestre: buscai e achareis. Quem não busca, se perde.

Tempo de espera

Há tempo de colher, e tempo de esperar. Este é, talvez, o que requer mais paciência e determinismo. Toda a espera é cansativa, testa a coragem e os intuitos do semeador. A mulher que aguarda o filho nascer, a árvore à espera que o fruto amadureça, os jovens que esperam a hora do casamento, os sábios que aguardam a publicação dos seus livros, a alma que espera a grande viagem para a verdadeira vida, são exemplos tácitos de tempo. Quem não souber viver dentro dele, não tecerá sonhos altos e consistentes. Até nas tarefas mais simples, como a do operário que espera a construção do edifício, ou da serviçal que aguarda o pão a assar no forno, tudo demanda paciência. Se o fluxo for interrompido, teremos apenas obras inacabadas, encruadas, defeituosas.

A paciência e o tempo são companheiros inseparáveis. É no aprimoramento da espera que se constrói o amanhã.

Entre uma medicação e outra, há um tempo. Já imaginou se, querendo livrar-se da doença, o enfermo resolvesse tomar de uma só vez o medicamento? Porém o homem impetuoso não lembra que só o tempo aperfeiçoa o esperado. Nenhum trabalho se cumpre, sem carradas de paciência.

O infante e a criança querem quebrar os limites, apressar o passo das coisas e dão fim ao que pretendem no mais diminuto espaço de tempo. Essa não é a atitude dos mais avisados e experientes. O ancião saboreia a sua taça de vinho bem devagar, apreciando cada gole. E é assim que se impulsiona a sabedoria, no ritmo do equilíbrio. Viver com eficiência é ter alcançado a superação necessária à execução de todas as tarefas. O educador olha com calma o crescimento do seu discípulo. Sabe que o tempo de espera é precioso. E, entre o plantio e a colheita dos resultados exercita-se quiçá, a maior virtude: a paciência!

Verdades

Sim, é preciso que o espírito se habitue a respeito de verdades sobre si mesmo. Sem tirar a autoestima, é preciso que olhe em profundidade para aquilatar os seus defeitos. Só assim estará alerta para extirpá-los.

A consciência de si é algo importante para que se perpetre a caminhada. Como vencer obstáculos se não se está preparado para eles? No percurso há muitos a transpor, mas os maiores estão dentro do próprio homem.

Quando conseguir tornar-se acordado, verá em nitidez o que antes lhe parecia obscuro. O bom observador tem sempre muitos pontos a favor. Se te observas com cuidado, verás onde é preciso lapidar arestas.

Para conviver bem é preciso harmonia. Sem isso é impossível evitar os atritos. E a feliz convivência é o primeiro passo para a harmonia do mundo.

Ninguém sabe, ao certo, o que o destino lhe trará. Diante das incertezas, às vezes esmorece. Mas, há dois modos de viver: consciente de si ou anestesiado para as circunstâncias em geral. Estes últimos vivem à mercê dos acontecimentos, simplesmente "levados" pelo tempo... Os que estão conscientes não perdem um minuto em cogitações inúteis - trabalham com dignidade, sabendo exatamente o que fazem, e dão conta das suas tarefas, nos mais amplos setores.

Quem é levado pelas circunstâncias, não tem poder de escolha. Já quem está consciente escolhe o melhor caminho, pondera antes de prosseguir. Não se arrisca.

A verdade está sempre presente para os que desejam conhecê-la. Mas, poucos se dispõem a olhar para ela. E é então que as almas se perdem, por não conscientizar os objetivos para os quais foram feitas. Não há fatos escondidos na Grande Lei. E quem deseja evoluir deve, também, desbravar o seu íntimo e lutar pela vitória.

Respeito

É preciso respeitar as leis inequívocas que regem a todos. Elas são materiais, quando se referem às leis humanas e espirituais quando se referem às leis divinas. Ainda bem que os homens são regidos por elas, como cordéis que os aprisionam a certos princípios. Dada a volúpia do ser original, se não houvesse leis os desmandos seriam terríveis: a tentação de se apossar dos bens alheios, de destruir o que impedisse o caminho, esmagar o que se supusesse adversário, tudo isso estaria comandando, como o foi no princípio dos tempos...

Havendo regras é mais fácil o acesso à virtude. É por isso que as palavras dos Mestres tem surtido efeito. Sem elas, não se saberiam os códigos de conduta. A evolução se faz em respeito às medidas de convivência. A lei do amor é inequívoca. Dela provém a solidariedade, a ajuda mútua e a troca das mais santificadas virtudes.

O respeito ao próximo e às suas decisões é algo que quase sempre se aprende em contato com os pais. E depois se segue, vida afora, aprendendo mais e mais no contato com o mundo. Só a vivência em comum nos tira as grades do egoísmo e abre as portas do eu profundo à necessidade do apoio, do dar e receber. A troca é um elemento indispensável à vida.

Mas, há quem apenas ame o poder, a ser acima de todos os demais, a fazer prevalecer o seu pensamento e vontade. Dessa forma, não se coleciona o respeito e o carinho de todos, pois o lado humano e fraternal das pessoas é o que mais cativa. Ninguém respeita a quem não admira. A fraternidade se impõe como regra básica de vida.

Urge aprimorar os passos em direção à fraternidade universal. Só sentindo a vida do outro, como responsabilidade própria, é que se consegue o destino de dar-se, em direção ao infinito tempo. A união é lei natural e, dentro dela, o homem aprende a conviver com justiça e equanimidade. Das leis respeitadas, advêm os frutos da paz e da harmonia sempre esperada por todos os homens.

Na retaguarda

Agir com discernimento e coragem é a meta dos mais despertos. A vida a enfrentar é deveras difícil e só quem se dispuser a lutar consegue vencer todas as batalhas. A vida não é mais que luta contínua em prol de um objetivo. Nunca se iludam com paraísos fora de hora. Por enquanto, eles só podem estar dentro de cada um. E neles é possível adentrar em qualquer momento, e sorver a merecida paz.

Atrás, estão os muitos devaneios deixados. Eles não têm consistência. E, à frente devem estar os projetos de vida, as determinações e escolhas para o futuro. Na retaguarda, estão também os atos passados, as semeaduras, as experiências todas.

Tudo que fizemos com a própria vida está gravado na memória dos tempos. E não podemos fugir, mas ser responsáveis por todos os atos praticados. Urge a necessidade de retificar. E se não nos é dado voltar às páginas do que já foi escrito, temos pela frente, muitas páginas em branco para escrever a nossa história. Não nos faltarão oportunidades de nos redimirmos e deixar, por escrito, uma página de elevação.

Não nos esqueçamos de que, no passado, ficam os restos de outras experiências. Se nada se perde, os atos bons também lá estão a proclamar-nos os possíveis méritos. E eles nos propiciam novas oportunidades de elevação.

As antigas famílias estão hoje dispersas, como amigos, ou meros conhecidos: alguns são especiais e nos falam alto ao coração. Outros nos transmitem ondas de simpatia ou apoio: os afetos jamais se perdem no vazio.

A vida, inigualável em sabedoria, se manifesta para nos impelir à frente. Ninguém está sozinho. Tudo aquilo que recebeu a marca da nossa presença, tem eterna vida e se transforma e recompõe de forma imprevisível. Entender os segredos, que não serão segredos, mas evidências, é a tarefa sutil dos homens inteligentes.

Perfume

As almas emitem vibrações e aroma pessoal. Há aquelas que se revestem de luz e enviam energias sonoras em todas as direções. Há também aquelas que, por humildade, escondem o seu brilho. Mas a consistência da alma é sempre fator de comunhão ou repulsão. Aquelas que emitem luz e perfume são aquelas que já alcançaram o grau de espiritualidade maior. São como a alma do Mestre, impregnada de suprema harmonia. O ingrediente dessa pureza é o amor fraternal que se expande por todos os poros.

Todos os grandes vultos têm o seu íntimo revestido de paz. Há aqueles mais purificados nas lides do raciocínio e da lógica. Esses também exibem colorido e aroma peculiares. Há outros, desenvoltos em apoio ao próximo, amor inusitado pelos semelhantes e sua aura de renúncia possui matizes delicados, impossíveis de copiar, como as cores de uma flor inédita e perfeita.

Enfim, cada ser conquista a aparência que lhe é própria, aquela que conquistou em suas andanças pelas trilhas do mundo. E essa aquisição jamais se extingue, fica para sempre como patrimônio de quem a possui. Nenhuma jóia da Terra, ou pedra preciosa será capaz de igualar o brilho e a forma das jóias do espírito.

E como adquiri-las? Limando arestas, podando os galhos agressivos, arrancando espinhos, suavizando o rumo. Não é tarefa de um dia. Só o treino constante desperta e cria as harmonias imortais.

Há um certo perfume caracterizando cada tipo de virtude. Quanto mais se vive em peregrinação pelo mundo da forma, mais se desbasta das imperfeições e se caminha num rumo de despertamento. O solo é fértil. Nele sempre germinam as culturas espirituais mais alentadas. Não há como esmorecer: a colheita é certa. Para a sabedoria máxima de Deus, cada um sempre colhe de acordo com as suas obras. É fácil perfumar-se de luz, basta plantá-la...

Repercussão I

Tudo que é emitido pelo espírito tem ressonância e repercussão cósmicas. Daí se forma a atmosfera de cada vivente e do planeta. É da somatória de todas as energias que se forma a aura peculiar a cada habitação do universo. Os seres são responsáveis por essa atmosfera envolvente, tanto em si próprios como na morada universal. Nota-se que em cada homem e lugar as vibrações se diversificam. É com elas que se plasma o destino individual ou coletivo.

Se maior importância fosse dada a cada pensamento ou sentimento, melhores seriam as oportunidades. Se cada um se conscientizasse de sua responsabilidade como autor do destino, seriam melhores as chances de êxito.

Em todos os tempos foi possível observar o interior de cada ser pela sua atmosfera individual. Não é preciso grandes doses de virtude para ver o que é inequívoco: a fotografia do universo interno de cada ser humano. É evidente que a privacidade é resguardada embora os mais íntimos pensamentos sejam capazes de externar-se em vibrações. Não há nada em segredo tanto dentro como fora do homem. O universo é suma evidência. Se assim não fosse, seria impossível debelar as feridas, curar as enfermidades da alma, varrer os mais ligeiros sintomas de orgulho e rebeldia.

Tudo aquilo que é pensado pelo cérebro, salta à vista de quem enxerga além. Só assim é possível curar quando se faz preciso. Há socorro concreto em cada pedaço do caminho. Não se duvide jamais do auxílio do plano espiritual. E ninguém permanece solto, sem amarras, liberto de si ou de leis. O vínculo é criação permanente e excelsa. Sem os liames magnéticos, os homens já teriam perecido há muito, esmagados pelos seus próprios desvarios.

É inequívoca a ação do Pai em relação a cada filho. Se todo ato tem repercussão no universo, todo cuidado se faz necessário para evitar catástrofes imprevisíveis...

Ocaso

No ocaso da vida material, aparecem problemas de fraqueza física. É o inevitável desgaste dos órgãos. E esse fenômeno é visível em todos os reinos. Mas, os homens não se habituam a pensar em senectude, talvez porque sua própria alma jamais envelheça. Então, às vezes temos um espírito moço, em corpo decrépito. Porém, nem sempre isso acontece porque é possível ver um espírito decrépito, em corpo jovem.

Daí advém que a idade não está no corpo, mas dentro de cada ser. Todos somos espíritos anciãos nas artes de viver e nas infinitas experiências da vida. Entretanto, a sabedoria própria da idade nem sempre aparece na hora certa. Vemos crianças agindo e pensando com a sabedoria antiga, pequenos seres com o espírito novo, perquirindo, entendendo, dando exemplo de força e coragem.

No ocaso dos dias, o rosto se enruga, o corpo perde a agilidade natural. É preciso aquietar o entusiasmo para começar a sentir a magnitude das belezas do espírito. O pior de tudo é quando o cérebro também desfalece e não consegue mais concatenar idéias como antes. A memória recente definha aos poucos. E as mãos trêmulas não conseguem realizar tarefas milimétricas. Sem dúvida, isso não acontece com todos. Há viventes com mais de cem anos físicos, ostentando excelente memória e raciocínio. Mas, são exceções. A sabedoria divina tudo provê. É preciso largar certos bens para adquirir outros. Essa é a lei natural. O homem, em geral, é soberbo e orgulhoso dos seus atributos. É necessário apagar um pouco as exacerbações do ego para que transpareçam as virtudes essenciais e eternas.

Quem já galgou muitos degraus da experiência cósmica, sabe que o discernimento acerca de si mesmo é um passo dado em direção ao equilíbrio. Sem aquilatar os dois lados de cada realidade, não é possível obter valores perfeitos. No ocaso, o Sol não se põe. Apenas migra para outro recanto da consciência.

Teotônio

Este foi meu nome em uma das reencarnações.. Não sei se honrei esta palavra com ações e pensamentos dignos. Foi uma fugaz existência a mais. Restam poucos detalhes sobre o que se passou. Mas as marcas no espírito jamais se apagam.

E assim, nas sucessivas vidas vamos vestindo várias capas de matéria e tomando como timbre da personalidade, um nome qualquer. Quem o escolhe é geralmente, a mãe. E foi a minha mãe que escolheu: Teotônio. *Não sei bem que vibração ou repercussão ele trouxe ao meu destino. Sei que nunca se apaga da lembrança...*

E dentro das recordações, há nomes que mais nos aprazem, porque trouxeram experiências deleitosas. E cada nome carrega junto uma série de outros: daqueles que foram companheiros de jornada. Estão ligados como elos da mesma família.

E todos estes seres que fizeram parte do nosso destino, se agregam a nós com exemplos, admoestações e coragem para prosseguir.

Se cada ser pudesse lembrar as suas mais várias vidas, poderia sofrer, ou não, dependendo do que fez com a sua "marca registrada".

E através dos tempos, passamos a ser chamados por aquele nome que mais nos agrada ouvir. E quando alguém o pronuncia, com reverência, é a suprema glória. Mas, também, quando alguém o lembra com rancor, sentimo-nos atordoados e desejosos de refazer as ações dolorosas do passado.

Sempre é tempo de refazer, porque as etapas são inúmeras. Mas, quanto antes conseguirmos nos despojar das vestes desarmoniosas, mais teremos bênçãos a lembrar e mais seremos lembrados com afeto.

O nome é vibração: com ele nos chamam e nos repreendem, dão-nos carinho e também responsabilidades. Cabe-nos preservar a memória dos nomes que nos deram.

Sustentáculo

O sustentáculo da vida é a fé absoluta nos desígnios divinos. Sem essa força, muito difícil sobreviver nos mares encapelados do existir. Crer com absoluta certeza no poder superior que a tudo rege é poder entregar-se em totalidade, à sabedoria.

Sem dúvida, aqueles que vêm ao planeta para cumprir metas de aperfeiçoamento sabem que, por aqui, não pode haver descanso. A lei é trabalho constante, estudo, observação, ajuda recíproca. Não há como se eximir dos imperativos evolutivos. A lei é perfeita e devemos nos acomodar dentro dela.

Os primeiros anos são de treino ao retorno: passos vacilantes, aconchego dos pais, ajuda para a grande caminhada que virá depois. A criança, embora esteja ligada e de prontidão, não pensa em problemas. Simplesmente vive, como um vegetal. E só depois, quando surge a necessidade de sobreviver, acorda dos seus sonhos de verão.

O mundo circundante exige esforço, constância, coragem. Por mais abençoado seja o indivíduo, tem que dar a sua quota. Advertências chegam e apoio dos afeiçoados, mas a responsabilidade acicata para o progresso constante.

Feliz aquele que não precisa passar por enfermidades.

Todos os outros problemas: financeiros, profissionais e humanos podem ser aliviados, e o homem prossegue mais forte depois de vencê-los. Mas, os problemas de saúde e debilidade física - que atestam urgente necessidade de aprimoramento da alma - esses são difíceis de debelar, dolorosos e, às vezes, fazem perder as mais viçosas esperanças.

Sabe-se que ninguém vem ao plano material para recreação. A luta é imperativo constante. Mas, a crença absoluta na sabedoria divina é o sustentáculo de qualquer homem.

Aleluia I

É a exclamação de júbilo. É esta a saudação dos que comungam com o plano espiritual. E esta deveria ser a palavra de todos os viventes, ante as inúmeras bênçãos que o visitam. Essa foi a palavra-canto entoada pelos espíritos quando Jesus retornou do seu apostolado sacrificial.

Os momentos de exaltação espiritual nos são necessários para sacudir a poeira dos caminhos. Frente às palavras mortas, exaltemos a glória sempre viva do Pai.

Palavras rudes, irritadiças, depreciativas ecoam no ambiente etéreo e constroem energias deletérias. Vigiar o vocabulário próprio é tarefa de sempre. Tudo que sai da boca provém do coração. Então é preciso aprender a enaltecer, reconhecer, glorificar e agradecer sempre. Todos somos credores de bênçãos imensas e da boca só nos podem sair palavras positivas.

Disciplinar o conteúdo do que se expele em pensamentos e vocábulos, é medida sensata e equilibrada. Primeiro disciplinar por dentro, harmonizar e limpar porque purificada a fonte, a água sai limpa.

A conversação negativa é um mau hábito que pode ser corrigido. Há tantas benesses no mundo ao redor, por que cantar justamente os aspectos negativos dos fatos?

A boa leitura, a boa companhia e o bom exemplo são ferramentas a teu favor. Saiba escolher as melhores, as mais purificadas.

Tudo na vida se resume a hábitos, bons ou maus. A repetição desenvolve pensamentos escurecidos, negativos, impróprios. A conversa destituída de significado, aquela que só sabe exprimir as banalidades da vida, representa o mau uso de uma das mais sublimes aquisições: a fala.

É importante exaltar em Aleluias de gratidão e júbilo todos os melhores momentos do existir.

Devaneios

Devaneios são apropriados ao espírito ainda adolescente. Sem dúvida, são necessários como marcos de início das realizações. É a própria criatividade que está se desenvolvendo.

Mas, como deve perceber, este tipo de fuga não é adequado aos espíritos maduros. Estes passam logo à realização e à concretude. Nenhum edifício, cidade ou personalidade se cria no ar. O devaneio é inconsistência: não tem raízes concretas. É apenas o início, a premedição dos fundamentos para a construção imperecível. Se bem que não há nada tão concreto que não pereça. Mas, dentro da matéria é preciso agir com objetividade.

A maturidade proporciona vários bens e o maior deles é a sabedoria do "estar" e não a do "fugir". É muito importante o equilíbrio para que as ações decorram sensatamente. Ninguém em desequilíbrio consegue realizar obras fundamentais para si mesmo, nem para a sociedade.

É necessário primeiro moldar o pensamento dentro dos padrões da normalidade. Todos os excessos devem ser descartados. O homem-racional não exclui o homem-sentimento. Ambos são necessários, desde que dentro de certos padrões de equilibrado bom-senso.

O ser correto, completo, é aquele que apara os seus pontos fracos, disciplina-se, é comandante do próprio destino. O indivíduo dependente de emoções imaturas, não consegue solidez suficiente para manter-se em pé, a cavalo das possíveis dificuldades.

As ilusões coloridas e fátuas vão se desvanecendo quando a personalidade adulta comanda as ações. Elas não devem subsistir além das medidas. Todo excesso é contraproducente ao progresso. A solidez de sentimentos e emoções é necessária à evolução.

Obstáculos

Os maiores obstáculos à percepção do mundo espiritual ainda são: a descrença e a falta de canais limpos e adequados. O verdadeiro médium é aquele que se entrega, de forma total, ao magnetismo das forças etéreas, e mantém-se livre de toxinas que envenenam a possibilidade de se fazer "canal".

Como esses impecilhos são fáceis de remover, todo aquele que se dispõe a manter contato conosco, sempre consegue o seu intento. Ter uma vivência equilibrada e saudável é também um passo importante.

A saúde física e mental é essencial conquista daquele que deseja colaborar de alguma forma. A higidez de conduta, a manutenção do corpo perfeitamente adaptado às necessidades, ideais elevados, psiquismo livre de sombras e preocupação são atributos certos.

A saúde física e espiritual ainda é o grande bem a ser alcançado e mantido. Não há quem possa caminhar despreocupado quando seus órgãos estão em desequilíbrio.

A chegada dos anos também é um fator de enfraquecimento, mas aquele que se cuida com esmero e resguardo de imprevistos, consegue manter a higidez pelo tempo necessário à realização dos seus propósitos. Doenças e idade são fatores desgastantes, perfeitamente contornáveis com um pouco de atenção e boa-vontade. Não é viável jogar-se ao sabor das circunstâncias. Embora a tendência natural do corpo seja para o desgaste, é possível contornar as dificuldades e vencê-las com o pensamento sadio e o trabalho constante. As mãos ocupadas e o cérebro pensante realizam milagres. Portanto, nada existe à mercê do acaso. Programar a vida com eficiência é sábia tarefa.

Assim sendo, não se deve temer obstáculos. Eles passam a não existir, para a mente sadia e equilibrada.

Repercussão II

Todas as vibrações emitidas nunca morrem no vazio. Vão além, às vezes muito além, repercutem e realizam. Todas elas, elevadas ou deprimentes não chegam a morrer, ao menos realizam antes o seu propósito, ainda que inconsciente.

As pessoas estão envoltas em vibrações pessoais e alheias. Elas determinam outros pensamentos e condutas. Há uma grande mescla de combinações entre todas elas, e as ações se cumprem, a favor ou à revelia. Ninguém pode deter a força do magnetismo. Ele atua sempre, por pouco ou muito tempo.

O que se chama ideal é energia que extravasa por muitos anos, às vezes décadas, às vezes vidas. É uma força determinada que sempre vai em busca de realização, não importam os obstáculos. Quem chega para realizar algum ideal humanitário, muito cedo se prepara, embora sem o saber. Os cursos e aprendizado que devem ter, vêm sempre ao seu encontro. Não há como fugir àquilo que os mais simples chamam de "destino".

Realizar, agir, influenciar e deixar raízes é o propósito de determinados espíritos. E estes são fortes porque nunca estão sozinhos, mas em equipe, com finalidades idênticas. Tem-se a impressão de que os acontecimentos familiares, sociais ou históricos, acontecem ao acaso. Não é bem assim. Todos estão enquadrados no determinismo de propósitos que ainda não se tem percepção para entender.

É preciso ter intuição para deixar-se levar pelos ideais, sem fatalismos ou fanatismos, mas suavemente. Quem se entrega à vontade superior é sempre melhor sucedido na realização dos ideais que o norteiam.

Tudo e todos têm repercussão. Nada se dilui. Tudo avança em vibrações inequívocas de transformação. É a lei da evolução dirigindo os passos de todos.

Auto-piedade

É muito comum àqueles que sofrem danos físicos, ou espirituais, despertarem um sentimento de pena por si mesmos. Lamentam a sorte. Sofrem. Não mais esperam, porque apagam a lâmpada da esperança.

Mas, esses sentimentos não devem sobreviver. É imprescindível a auto-educação e o controle, para erradicar esse tipo de doença. A lástima, a piedade por seu próprio padecimento indicam falta de conformação com os planos divinos.

Sim, devemos ter piedade e esse sentimento é elevado, mas, pelos outros, pelos que estão sofrendo. É esse sentimento que nos dá empatia capaz de querer ajudar e diminuir a dor do próximo.

Os olhos piedosos sempre foram sinal de virtude. E não há nada melhor para transmudar a sensação de vazio de alguém do que pousar olhos piedosos sobre ele.

Sem dúvida, em todos os tempos houve esse sentimento que é, também, símbolo e sinônimo do amor. Com ele se cura a dor da decepção, o desapontamento de uma criança, a ferida e a mágoa dos que já enfraqueceram seus corpos nos embates da vida.

A piedade verdadeira também se exprime ao perdoar alguém. Se teus olhos forem bons, enviarás com eles a mensagem da restauração, em todos os sentidos.

Nunca te eximas ao dever de olhar o mundo e as criaturas com teus olhos de piedade. Com eles hás de erguer, acalmar e fazer compreender. O olhar benevolente e piedoso é muito enobrecedor. Só não deve voltar-se para dentro do próprio indivíduo. É preciso evitar a complacência a respeito do próprio eu, e entender que tudo que acontece é planejado por Deus.

Entregar-se à auto-piedade é morrer um pouco. Desperta! Há muito a realizar se te voltares para fora de ti mesmo!

Reminiscências

O espírito não guarda na memória, reminiscências de todas as vidas-experienciais passadas. As mais importantes vão se sobrepondo às outras e, por tendência natural do homem, aquelas que foram extremamente dolorosas ou deprimentes procuram esquecer.

No entanto, é possível sempre, ter um perfume de lembrança enaltecendo a alma, estimulando-a a vencer e a sobrepujar-se às contingências. É esta pálida recordação que muitas vezes leva a achar a solução de problemas difíceis, e ao desvencilhar de tentações prováveis.

Tudo aquilo que magoou ou feriu é evitado. Ninguém quer repetir doses de sofrimento. Principalmente a experiência dos erros leva a evitar as circunstâncias semelhantes, ou propiciadoras de novos erros.

Sem embargo, as vidas aí estão, em camadas indeléveis. Não há como fugir do que já se viveu.

Se uma atitude foi insensata e conduziu à dor, própria ou do próximo, ela será olhada com cautela. Ninguém quer repetir experiências de fracasso.

Convém admitir que as passagens boas do que já existiu são sempre indeléveis, clamam à lembrança e querem ser renovadas. Assim são os laços familiares e comuns às almas que se amam e se buscam. O deleite é tanto em compartilhar de novo as emoções já vividas que inconscientemente as recordações vêm à tona. É a lei da simpatia e da atração.

Um pai ou mãe sentir-se-ão atraídos pelo filho de outras etapas e tentará protegê-lo contra as dores normais da errada conduta. O anterior marido procurará dar à ex-esposa o carinho de antes, igual desvelo e atenções. O mestre irá inclinar-se por alguma aluna especial que lhe foi cara antes. E assim, de reminiscência em reminiscência, é feita cada nova etapa do percurso...

Animismo

Há ainda muita confusão entre o que sejam fenômenos anímicos e fenômenos espirituais. As pessoas se deixam envolver de tal modo que se inicia a falta de clareza.

Há pessoas sensíveis que ante certas vibrações magnéticas são como harpas. Mudam a fisionomia, tremem, às vezes se contorcem. Desconhecem que essas manifestações são apenas vibracionais.

Quando alguém é realmente influenciado pelo plano espiritual, as vibrações são mais brandas no cérebro e nos pensamentos. Não há dúvidas de que se há espíritos atormentados ou sofredores e se lhes dá passividade à expressão, então as sensações podem até mesmo ser doloridas.

Vejamos, não é por causa dessas diferenças que se vai deixar de acreditar no mundo espiritual. Os espíritos lúcidos e esclarecidos não provocam sensações desagradáveis, pelo contrário, levantam o ânimo.

Fenômenos de animismo são frequentes. É a ação da própria alma, ou de outras, que se manifesta, exterioriza.

Há indivíduos que se confundem com estas sensações, e como gostam de aceitar passivamente, pensam que podem se dispor a ser avatares e profetizadores. Tentam ler o psiquismo das pessoas e se manifestam de acordo com ele.

É preciso estudar profundamente o conteúdo dos assuntos ligados ao além da vida, à sobrevivência da alma, à reencarnação. Só assim é possível discernir o que é racional do que é pura invencionice da imaginação desregrada.

Ninguém se julgue privilegiado. Se todos têm capacidade de entrar em contato com o mundo do espírito, é também necessário estabelecer parâmetros e observação concreta para não se deixar enganar.

O animismo é fenômeno que sempre existiu. Não se deve confundi-lo com manifestações espirituais que são, realmente, algo muito diverso.

Sempre

O que é durável para sempre? Nada que seja material. Tudo que é desgastável perece, até o corpo de carne.

Mas, sabemos que há dentro dele, sentimentos e emoções, caráter, traços de personalidade, vibrações afetivas. Estes duram e são levados com o espírito quando ele se liberta do corpo físico.

Dizemos "liberta" porque, na verdade, os laços materiais são prisões. Sem dúvida, promovem o crescimento, o reencontro de muitos laços, e o reatar de experiências iniciadas. São elementos de elevação. Promovem a luz interior e o entendimento. Entretanto, são laços perecíveis e temporários. Muitas vezes, são cárceres de dor, através de provações interiores e doenças físicas.

É difícil conceber a ideia de eternidade. Parece-nos algo improvável e por demais distante. Até para aqueles que são espíritos libertos, essa noção atordoa. Mas, é preciso acostumarmo-nos com a idéia de que, dentro dos princípios etéreos, o homem faz parte dela. É etérea, inconsútil, quase inconcebível, mas certa. E quando nos é possível viver dentro dessa noção, os valores também mudam.

Se tudo permanece, por que cultivar o que nos pode prejudicar? Por que cultivar o ódio, a indiferença, o rancor ou maldade? Esses sentimentos também permanecem e podem prejudicar enormemente a evolução.

Dentre todos os males, talvez o pior deles seja o egoísmo, a idolatria do próprio eu, o cultivo exagerado do ego. Esse deve ser eliminado, e não será apenas numa só experiência. Ele tem tantas arestas que é preciso limar todas, uma de cada vez.

Esse defeito é suscitador de muitos outros e não deve imperar. Já que tudo dura para sempre, que sejam as virtudes as principais companheiras!

Lucidez

A luz das idéias e a visão clara delas é o supremo objetivo dos seres criados por Deus. Quem não apreciaria ter a mente tão transparente como as águas límpidas de um lago? Em mente assim se espelham árvores e montanhas, arbustos e animais. Olhando-se em profundidade tem-se a impressão de que a paisagem entornou-se para dentro das águas.

Assim também, idéias lúcidas se abismam pela mente adentro e conseguem, após esse mergulho, retornar de forma salutar e amena.

Não é fácil esquivar-se do labirinto de impressões que vagueiam pelo universo. Só a treinada concentração consegue o milagre de não contaminar-se.

As idéias se iluminam de dentro para fora, mas conseguem mais luz e transparência se o corpo inteiro está sadio.

Ninguém acende uma lâmpada queimada. E ninguém ilumina idéias por efeito de milagre. Elas já nascem lúcidas, se existe higidez de conduta e caráter. Formam-se dentro e saltam para fora em busca de meios de expressão.

Ler, sem dúvida é interessante, alarga as visões do mundo. Meditar é importante. Praticar o aprendizado é essencial.

Idéias lúcidas não nascem ao acaso: são produto do cultivo. Leva-se anos conduzindo o pensamento, limpando os meios de expressão. A voz é energia mensurável. A idéia clara, também o é.

O que turva a limpidez da idéia? É o limo da incerteza, o bolor da tristeza. Manter-se ativo e participante ajuda o cérebro a emitir pensamentos, e ajuda a alma a criar idéias lúcidas que esclarecem o emitente e a todos os receptores delas.

Amizade

De todos os sentimentos, a amizade perfeita é, talvez, aquela que mais se aproxima da fonte divina. Diferentemente dos demais sentimentos, que recebem e dão emoções, ela é mais simples, contenta-se com o dedicar-se. É por isso que ela existe em profusão entre os dois planos conhecidos. Como é principalmente dádiva, nada exige e pode ser enviada e recebida por todos os que estão em sintonia. É o epítome perfeito do sentimento que tem sido legado por todos os iluminados.

É preciso sabedoria para entender o altruísmo. Ele permanece através dos tempos e através das vidas, em explosões de sentimento que jamais se apaga. Avoluma-se, cresce, quanto mais é cultivado mais se expande. A amizade é toda dadivosa e pura. Nada exige, apenas se doa, sente-se feliz em poder oferecer-se. É um sentimento dignificante, espiritual, quase divino. É uma grande bênção, na vida de quem a possui. E, além do mais, não é exclusivista, egoísta. Admite e conhece a necessidade do convívio com muitas almas e nem por isso se retrai. Se o objeto da estima está realizado, este é o supremo encanto do amigo presente.

É uma espécie de amor sublimado, sem carências, sem restrições, sem apegos. É por isso que sobrevive através das eras, e jamais se perde ou apaga.

Não é apenas uma questão de denominação. Em todos os idiomas se põe em catálogo os tipos de sentimento, como se fossem pertencer a uma exposição de História Natural. E então os seres se apossam do título que mais condiz consigo. É apenas mera denominação. Mas, entre todos: amizade, amor, paixão, o primeiro é o mais sólido e eterno. Vale a pena ter amigos por todo o sempre, e doar-se a eles. É gratificante aquecer a vida daqueles que estimamos. E o calor da amizade JAMAIS perece!

Deus

Deus é apenas uma das denominações que o Criador recebe em todos os países e lugares. Conforme a linguagem e a filosofia reinantes, assim é a maneira como os seus filhos o chamam. Seja para agradecer, reverenciar ou implorar, cada um se expressa à sua maneira. Muitos preferem chamá-lo apenas Pai. De qualquer forma, é a invocação de um poder superior, presente em todos os seres, desde o mais primitivo, até o sábio.

Todo homem está ligado à Fonte que lhe deu vida, por um magnetismo invisível. Assim a conexão é sempre possível, e se faz de várias formas: ninguém está ao léu. Mesmo aqueles que se dizem agnósticos ou ateus têm dentro de si um pensamento entranhado que os impele a amar a perfeição das coisas criadas, no lugar de amar ao Criador. Mas, nem por isso são abandonados. A energia cósmica está sempre impregnando todo aquele que vive.

Deus é conceito, exortação, apelo nos momentos de angústia. Quando alguém está em deserto pessoal, sem amigos, sem alguém que o compreenda, então recorre a quem o seu mais íntimo recesso conhece.

Há muitas alternativas. Quem não sabe dirigir-se diretamente a Deus, procura por aqueles que julga santificados e merecedores de confiança, a quem o Criador delega tarefas por já estarem em sintonia com a perfeição e que, através da benemerência, ascendem mais e mais.

Dizem que tanto faz a quem se peça socorro porque na verdade, em última instância, é a Deus-Criador que se procura. Os benefícios do amplexo espiritual sempre se fazem, não importa o nome daquele a quem se dirigiu o pensamento. Essa é a verdade. O que importa, realmente, é a certeza de ser atendido, e a pureza da mente que suplica.

Disposição

A disposição física, o bem-estar para realizar determinadas tarefas é algo que depende de fatores físicos e espirituais. Quando há saúde, todas as células estão alertas para executar os comandos da mente. Quando há saúde espiritual, os projetos se exaltam e há vontade de demover obstáculos, arcar com consequências e enfrentar dificuldades.

Nos momentos de depressão o que se nota é a mescla de fatores físicos e mentais. O corpo se deixa vencer pelo desânimo, desiste de enfrentar os obstáculos, deixa-se levar pela correnteza de vibrações negativas. O espírito desiludido não reage: deixa-se abater e carregar sem resistência.

Para ter disposição e conseguir realizar tarefas é necessário cuidar do corpo e da mente. Eles são aliados e um sem o outro não realiza grandes tarefas.

Se queres vencer e ter redobrada a tua disposição de servir e ajudar o próximo, deves primeiro ajudar a ti mesmo: criar disposição. Sem isso nada se faz de produtivo.

É importante alimentar bem o espírito e cuidar da sadia alimentação das células físicas. Como podem os neurônios permanecer hígidos se lhes falta o combustível etéreo e físico? A própria memória é sinônimo de treino e refazimento contínuos. Todas as funções se realizam sob o poder do estímulo.

Cair em depressão é entregar-se à sorte. Ninguém pode atingir objetivos sem esforço maior. E tudo é possível dentro do Bem e da Ordem. Não há negativas etéreas. Os planos divinos são perfeitos e permanentes. O homem fraco oscila nas ondas de bom ou mau humor. O homem forte sempre conquista a si mesmo, em primeiro lugar. E depois, conquista o mundo.

Desvelado amor

Todo amor se desvela em benefício dos entes amados. É a condição intrínsica desse sentimento altruísta que Deus colocou dentro do homem. É da natureza do Afeto Sublimado a doação de si mesmo, a oferta das mais íntimas reservas espirituais. Esse é o alimento que se dá e se recebe porque todo afeto repartido também alimenta a quem o oferece.

O amor desvelado é aquele que se esquece de si, dos seus problemas e necessidades e se doa para a saúde, a paz e as necessidades emotivas dos semelhantes. É incontestável que todo aquele que se posta ao lado de outrem como protetor e amigo, recebe de volta as bênçãos emitidas.

O egoísmo se fecha, o amor se abre. O egoísmo encerra, o amor descerra as comportas, o egoísmo escraviza, o amor liberta. Não há quem consiga viver sem esse alimento da alma e do corpo. Ele é saúde total. Se alguém definha, o corpo murcha, o rosto entristece é por falta de luz do sentimento abnegado.

Se queres ajudar a curar, ama desmedidamente. Não te preocupes se deres demais porque quanto mais se esbanja amor, mais se recebe.

O amor altruísta ultrapassa fronteiras, vai além do que ousamos compreender. Ele é como os hífenes ortográficos: une pessoas e as exorta à união espiritual com Deus. Não há quem não se sinta melhor recebendo vibrações de atenção e carinho. Ser lembrado é um grande bem. Saber que alguém nos tem no coração conforta a vida... Vai daí que todo aquele que é amado melhora em todos os sentidos: é atraído para a perfeição. Sente-se magnetizado e feliz.

Não há ninguém que seja incapaz de amar e dar o desvelado amor altruísta e cristão. O mundo precisa dessa bênção para restaurar as suas energias e caminhar para a liberdade da redenção.

Qualificações

Existem muitas qualificações dos seres, todos catalogados segundo as suas obras e prerrogativas. Dá a impressão de que assim sendo, os entes humanos se pareçam a objetos, num laboratório experimental. Tal não se dá. No entanto, é necessária a ordem e a disciplina para que algo de útil aconteça. Essa é a porta aberta à eficiência. Não é possível imaginar o progresso sem os ditames da ordem.

Sem dúvida é preciso qualificar cada um segundo as suas capacidades. Não há hegemonia. Para a Lei Divina são todos iguais. É necessária a classificação, mas ela não é algo externo, nem se pode fugir dela porque ela está arquivada intrinsicamente dentro de cada homem. E ele não pode fugir de si mesmo.

A lei é tão sábia que não faz nenhuma distinção. Acontecimentos, emoções e reações estão escritos dentro de cada ser, de forma indelével. Nunca ninguém escapou do veredito próprio. Ele é implacável e tem o nome de consciência. Todo homem tem exata lembrança dos atos que cometeu, das idéias que pensou, dos sentimentos nos quais vibrou. Não há ninguém que escape de si mesmo e dos próprios julgamentos. Mesmo que a consciência esteja anestesiada, sempre recebe impressões que não se apagam. Pode tentar fugir das próprias acusações, mas não consegue se desvencilhar dos juízos que a consciência emite.

Certas pessoas conseguem, através de autoestima exagerada, abafar o seu eu e fazê-lo calar acusações. Mas, a verdade é que a consciência está sempre à espera.

Não existiu ninguém que se esquivou de ouvir a alma. E a necessidade de ordem, dentro do íntimo, impõe a tarefa de cada homem classificar-se segundo o próprio conceito. E nunca há erros. Há um tribunal dentro de cada alma, onde os julgamentos são severos porque são impetrados por cada ser que busca a redenção.

Anunciação

Conta a História que o anjo Gabriel anunciou à Maria a vinda do seu filho. Ela rejubilou-se e aguardou-o com ânsias de mãe. Assim tem sido através dos tempos: as mães abrindo suas entranhas para agasalhar o corpo de mais um espírito, em direção à Terra. É um aconchego abençoado em que a matéria cresce e se define, toma forma e nasce para mais uma vida de experiências.

Todos os corpos são gerados dessa forma. O nascer e o morrer iguala os homens. Todos precisam passar por essas fases para lograr a sabedoria das vitórias. Observando esse fato, deveriam sentir-se mais brandos e humildes. Afinal, se nos é mostrada a igualdade é para que, nos atos da vida, também venhamos a nos sentir parte do todo, com o fim de subir os degraus da evolução.

Há muitos outros fatos que igualam os homens: necessidades de alimentação, segurança, afeto, desejo de aprender mais e mais. Ninguém é diferente do outro. Embora haja dissemelhanças de aparência, no fundo deve-se ver a irmandade original.

É sempre vivo o ensinamento de que não devemos nos distanciar uns dos outros. Talvez os atritos conceituais separem algumas criaturas. Mas, as diferenças de temperamento e personalidade não devem causar divergências. É preciso vencer as diferenças com uma política social de fraternidade.

Todos têm o mesmo começo e se encontram em busca da realização pessoal. Não é lícito supor que uns são mais bem aquinhoados do que os ouros. A justiça de Deus não falha e se aparecem maiores diferenças isto é apenas colheita do plantio. Há quem colha primeiro o resultado dos seus próprios méritos.

Jesus foi anunciado, e a Terra floresceu com sua presença, conselhos e palavras inolvidáveis. Que agora ele próprio venha propor a nova conduta, para retificar-nos os passos vacilantes.

Testemunhos

O mais lúcido testemunho da tua fé é a conduta correta. Esta é também testemunha do interior clarificado. Se toda ação é apenas reação do que se passa no íntimo, a perfeição denota que ambos (mente e corpo) estão perfeitamente relacionados.

Quem pensa bem, age bem. O corpo sempre satisfaz os anseios da alma. E é assim que abre caminhos na consecução dos ideais. As ações dos chamados santos e milagreiros são a expressão do que já foi conquistado no passado. Nenhuma ação vem pronta da noite para o dia. Portanto, todas as bênçãos que se vislumbram hoje, foram plantadas ontem.

Todos são testemunhas do que lhes vai no interior. Tua face, roupas, gestos, atitudes e palavras são apenas reflexos de ti mesmo, do que pensas e idealizas. As próprias obras de arte, o trabalho comum, enfim tudo que realizas são provas do que se passa no teu íntimo.

Não é preciso ser psicólogo, mas bom observador para enxergar o interior dos nossos interlocutores. Cada tom de voz, cada gesto, cada expressão, demonstram se o que se fala é falso ou verdadeiro.

Há pessoas que são atores a representar, nos palcos da vida, às vezes para auferir vantagens. O seu discurso é decorado e ensaiado previamente, com a intenção de persuadir. É possível que eles mesmos acreditem nas versões que inventam. No entanto, se estiveres atento, hás de enxergar num pequeno gesto ou frase, algo que soa como falso.

A verdade se impõe por si só, não precisa de testemunhos. É tão sólida que nunca se desfaz em palavreados sonoros, e nem se contradiz. É mansa e até mesmo quase silenciosa. É altissonante e eloquente por si só. Ela se impõe e tem o poder de convencer. Mas, na verdade, o maior testemunho do homem é a sua consciência. Se ela não aprová-lo, embalde buscará a aprovação dos demais.

Definitivo

Saibas que nada é definitivo na vida, nem venturas, nem desditas, nem o corpo material. Tudo tem o cunho da transitoriedade. As experiências e os acontecimentos se diluem e o que resta é apenas a essência do aprendizado que se auferiu através deles.

A vida de Jesus na Terra, por exemplo, foi apenas um sopro no meio dos séculos e deixou marcas profundas, indeléveis. Assim a vida dos grandes descobridores e cientistas sábios: passaram e deixaram marcas de progresso para o bem da humanidade.

A vida do homem é algo bem interessante de notar. Passa por inúmeras experiências, veste inúmeras indumentárias, usa diferentes máscaras e nomes, representa o seu papel e vai, como espuma na água. Mas, de cada experiência leva uma lição inesquecível, para o seu progresso. Às vezes, retorna aos pontos de partida para solidificar ou retificar alguns fatos, para reatar o que separou, por sua própria incúria. Mas, a cada retorno aprende a deslindar-se, tornar-se independente e subir em compreensão.

Ninguém deve prender-se às circunstâncias, nem aos bens terrenos. Eles nunca pertencem a ninguém. São aquisições temporárias, usadas para determinados fins.

Diante destes fatos, podes imaginar que os afetos também se diluem. Ledo engano! Estou me referindo às aquisições materiais. Tudo que pertence ao espírito vai com ele, mas de forma aperfeiçoada, sem os resquícios de possessividade que caracterizam todos os bens terrenos. Os afetos verdadeiros são duradouros e perpassam séculos, embora se transformem e mudem de cor. Tornam-se mais sutis e generalizados. Não mais escravizam, mas libertam, ganham asas para exercer os grandes vôos do espírito. Nada é definitivo, apenas o amor puro.

Sensações

No espirito e no corpo, perpassam diversas sensações, agradáveis ou desagradáveis. Há sensações físicas no corpo, de frio ou calor, ambas desagradáveis, em excesso. Há sensações de ânimo e desânimo, alegria e tristeza, no espírito. Algumas podem ser passageiras, e outras durar muito, causando consequências no corpo físico, inclusive doenças.

Na verdade, todas as sensações deveriam ser passageiras, não perduráveis. As emoções são estados transitórios, dependentes das circunstâncias. Entretanto, o que se nota é que alimentadas, algumas perduram, ganham vida autômata e anômala, às vezes vergastando possibilidades de ascensão.

O espírito nasce para ter sentimentos duráveis e emoções passageiras. Estas dependem das circunstâncias externas e mudam como mudam as paisagens.

Sabe-se que o espírito consolida e aprimora sentimentos através das vidas sucessivas. No princípio ele deixa-se invadir pelo egoísmo e o sentir torna-se espúrio. Depois, vai aprendendo o desapego e então as emoções mesquinhas se afastam para dar lugar ao altruísmo.

É, com certeza, um lento lapidar, desbastar, aprimorar. Quanto mais puro é o sentimento, mais reflete a luz do sol. Emoções violentas e desregradas tomam conta, apossam-se, escravizam, tornam opacos os raciocínios. Só nos devem vir ao encontro as sensações de paz e levantamento.

Para progredir é preciso espírito de luta. Quem se deixa envolver por emoções menores sempre se desgasta. O que sai do coração não se dissolve, nem fica à mercê das circunstâncias: provoca as emoções mais puras e estávei, nunca incoerentes ou malévolas.

Aleluia II

A saudação é pertinente aos estados de júbilo. Demonstra o êxtase da alma ante a alegria infinita e também a reverência ante os fatos sagrados. Se Jesus aparecesse de improviso aos nossos olhos, haveria melhor saudação? Aleluia, aleluia, Senhor!

A vida material é densa e difícil, não há como negar. Mas, traz, também, alegrias grandes, se bem que passageiras. E nos cabe tirar proveito dessas bênçãos, usufruindo ao máximo o contentamento quando ele surge. Sem o êxtase da alegria, não seria possível sobreviver. O corpo iria murchar e definhar, sem a água da Fonte.

Não nos custa lembrar que de todos os predicados que atribuímos ao Senhor, um deles é a alegria, a felicidade. Note-se que todos os luminares apresentam uma aura de êxtase-sorriso. Há luz nessas almas e a alegria pode provir apenas da sensação do dever cumprido.

Há muitas formas de preencher a alma. Não só existe no enlevo de almas afins, mas naquele que provém do encontro com Deus, na harmonia perante o universo, no congraçamento com os semelhantes, no dever cumprido, na integração com os mundos material e espiritual.

Alguém se encontra feliz quando em contato íntimo com o mundo vegetal. Ou quando se apega a um animal. Ou quando mergulha nos olhos de uma criança. Sim, é possível a realização pessoal de muitas formas, desde que se esteja aberto à contemplação e ao bem.

Sintonizar é uma forma de ser venturoso: ouvir uma música, afundar-se no colorido de uma flor, pôr-se no lugar do outro, ajudar a caminhar pela vereda certa. Tudo que se faz de útil, em benefício do semelhante, é uma forma de sintonizar-se e também usufruir bênçãos. Mas sentimos que de todas as alegrias, há a maior e inconfundível: o encontro íntimo com Deus. Aleluia!

Reservas de forças

É sempre necessário ter um estoque de energias para os dias difíceis. Quem não o tiver, não possuirá forças para enfrentar e resolver problemas. Acumular bens materiais é fácil. E a maior parte dos homens sabe como reservar provisões para os dias magros. Mas, os bens espirituais, invisíveis e insopesáveis, são mais difíceis de acumular. No entanto, nada é impossível.

Comece por avaliar os bens que já possuis. Tens uma fé à prova de dificuldades? Sabes confiar plenamente? Esse é o primeiro passo. Então, estoca os bens da paciência, da coragem, do altruísmo. Estes são o princípio da libertação.

Armazenar paciência, como todas as demais virtudes, demanda esforço. Analisa-te a ti mesmo quando for necessário esperar. Sabes fazê-lo com serenidade e calma? Não te exaltes, nem imprimas pressa ao teu relógio interior. Imobiliza ambos os ponteiros e ponha-te à escuta. Observa atentamente o que se passa dentro do teu eu. Saiba que essa atitude de expectação incontida não faz bem às tuas células. Confia que tudo vem no tempo certo e não queiras saber mais que a Providência. Postando-te como mero observador, estarás fora do tempo e imune à pressa. Daí advém a paciência.

Vale a pena cultivar todas as virtudes que conduzem à melhor percepção dos fatos da vida e à melhor convivência com os demais.

Se estás desanimado, é preciso despertar os dons da coragem e do determinismo. Estas são conquistas inalienáveis. Encoraja-te, anima-te a prosseguir, nunca percas a esperança de dias melhores. Mas, saibas que no futuro encontrarás novas lutas diferentes, que também hão de necessitar virtudes.

Se a vida na Terra e no Além fosse o que chamamos "mar de rosas", o espírito ficaria inteiramente sem consistência e rigidez. Dificuldades são necessárias à evolução.

Gestação

Há um período de gestação de ideias. Parece que ficam incubadas e, de repente, despontam. Isso acontece com todos os pensamentos mais alentados. É assim que nascem todas as grandes obras, os livros, as telas, a arquitetura, os tratados, tudo que tem real importância.

Não há nada que nasça do nada. O período gestacional é necessário ao amadurecimento, assim como é necessário ao crescimento do óvulo fecundado, dentro da mãe.

As idéias nunca estão sozinhas, nem são frutos de uma só pessoa. Em geral agrupam-se por força da atração e, após algum tempo, vêm à tona da memória, para serem articuladas.

Assim também é o processo da evolução. Dá a impressão de que todas as virtudes estão embaralhadas, mescladas aos defeitos. De repente, num momento, como que saindo de um fulcro, o espírito sobe degraus em compreensão e começa a agir de acordo com esse progresso.

Toda flor, todo fruto, nascem do pensamento criador da natureza. Há profusão deles porque a generosidade do pensamento infinito assim o quer e se imprime em todas as direções. É muito farta a atmosfera que circunda a Terra e, como que por milagre, ela fica impregnada em todas as idéias que visam ao progresso.

Um livro, por exemplo, nasce como se fosse uma criança. Tem seu período de início, fica algum tempo apenas nas idéias, depois nasce e se espalha, num convite à leitura e meditação.

Quando abres um livro, nem podes imaginar todo o processo que o levou às tuas mãos. Além das finalidades gerais, há as específicas, e nada chega a ti por acaso. Tudo é sempre um convite. A gestação de opiniões que o livro provoca em ti é um processo importante, magnífico...

Regozijo

As alegrias terrenas são apenas vislumbres das alegrias que esperam o espírito no plano etéreo. É certo que se pode "ter o céu na Terra" e sentir nela os mesmos júbilos do Além. Porém, isso raramente acontece porque o homem está ainda imantado às emoções mais próprias da carne.

O verdadeiro regozijo se experimenta ao nos sentirmos de posse da vibração dos espíritos mais elevados, e pela alegria do amor fraterno compartilhado em luz e música, preces evanescentes e vibrações sutis.

A alegria do alto é muito fluida, abstrata, imponderável. Pouco tem a ver com os cinco sentidos conhecidos. Pertence a outro tipo de emoções, dificilmente imagináveis... É preciso, desde sempre, cultivar alegrias espirituais para mais e mais a alma se acostumar com elas.

Quando Jesus proclamou a caridade e a fraternidade como normas, por certo estava na plena posse desses sentimentos. Transparecia no rosto o júbilo dos eleitos. E não me refiro a virtudes e bênçãos gratuitas. Eleitos são os que conquistam, com o esforço e o merecimento, a eleição do bem em suas vidas e o aprofundar de júbilos ocultos, silenciosos, profundos.

O júbilo pode ser individual ou coletivo. Quando multidões se reúnem para orar ou agradecer, pode surgir um mar de paz e alegria incontidas onde todos submergem extasiados.

Fazer parte de um todo produtivo, desarraigado de vibrações pesadas ou grosseiras é o meio caminhar em nuvens de paz, deslizar pelo existir e remoçar o espírito. Então, não há mais dores, despedidas, displicência de valores, mas apenas paz inaudita. Que mais se pode desejar? Rejubilar-se é a maneira de entregar-se à beleza, à perfeição, e sorver o Amor que tanto vimos ansiando no perpetuar das vidas.

Resgate

Em muitas ocasiões, a permanência no corpo físico não passa de resgate de dívidas. Embora a lei de causa e efeito seja perfeita, quem primeiro se impõe a tarefa de purificação é o próprio espírito. Este nunca se sente bem por ter violado a ordem, dentro e fora de si mesmo.

O resgate se processa por vários modos: pode ser através de deficiências físicas, doenças, desavenças na vida familiar, impropriedades muitas... De qualquer forma, ao passar por elas sem revolta, e haurindo seus benefícios, vale a pena o sacrifício.

É muito agradável poder resgatar dívidas materiais. A pessoa se sente aliviada do acicate e volta a viver em sossego. É melhor ainda resgatar os débitos pretéritos- aqueles que enfeiam a alma e pesam na consciência.

Quem consegue resgatar-se a si mesmo, já conseguiu grande vitória. A dívida é como o peso da escravidão: enche os dias de sufoco interior.

O melhor de tudo seria viver sem errar, caminhar por rumos retos e serenos. Porém a alma ainda está colmada de fraquezas que escravizam. É preciso renovação e novos ares, e isto só se obtém com disciplina e força de vontade - as duas asas imprescindíveis ao voo.

Às vezes, paga-se o resgate em troca de determinados bens. O preço é sempre alto, extorsivo. Mas, se o que se deseja, tem muito valor, vale a pena.

Não nos esqueçamos de que, em todas as experiências vitais, aparecem resquícios de dívidas. São os pequenos desajustes do existir, que é necessário remendar. O importante é fazê-lo sem revoltas.

Provavelmente, o homem continuará com certas deficiências que é preciso sanar. Não importa... Com determinismo e o apoio dos que lhe são caros conseguirá expelir de si tudo que é deletério, e poderá respirar, a plenos pulmões, o ar da liberdade.

Emoções

Dentre todas as emoções, há uma que ressalta: é aquela cimentada no sentimento da gratidão. Nota-se no panorama mundial, centenas de viventes de mãos postas implorando, de uma forma ou de outra. Como no mundo há muitas aflições e carências, dentro dos homens avulta a necessidade de pedir ajuda aos poderes em que acreditam.

Espanta notar que satisfeito o pedido, é esquecida a necessidade natural e grandiosa de agradecer. Se a emoção de pedir e suplicar fosse tão veemente quanto a de agradecer, então sem dúvida, o estado de evolução seria outro, melhor.

O que se nota é que a emoção muitas vezes atira alguém de joelhos, no ato de pedir. As mãos quase se infiltram no além, como querendo buscar as dádivas com elas. Porém, não se vê criaturas ajoelhando-se e agradecendo com a mesma ênfase. A gratidão é emoção mais diluída.

É muito lindo observar o rosto de alguém que se emociona e deixa cair uma lágrima. Nota-se essa expressão quando um pai observa o filho que volta depois de longa ausência. Ou em alguém que após lutar muito por alcançar, atinge o seu objetivo. Ou quando alguém regressa ao solo natal... São todas emoções de júbilo. Mas há, também, aquelas de aflição, desespero, solidão, saudade, angústia, depressão...

O homem é um ser vibrátil e, muitas vezes, esconde as suas emoções sob capa de indiferença. Não quer expor-se, nem parecer fraco. De fato, controlar emoções é, às vezes, imprescindível na vida. O rigor exige a mente racional e lógica, a emoção pertence ao lado emotivo do ser.

Há pessoas que conseguem acobertar-se em camadas gélidas de indiferença, mas sofrem. Sem emoções, a vida desbota e depois murcha, como flor caída na terra.

Aversão

Como se explicam a afinidade e a aversão? São questões da alma. Os dois sentimentos são muito profundos. Para uma pessoa querer bem à outra, devotar-lhe dedicação, sentir-se completamente sintonizada, muitas e muitas vidas e trocas são necessárias. Para uma pessoa ter aversão instintiva pela outra, ou há muita divergência de padrões vibratórios, ou alguma experiência nefasta do passado as separou.

É evidente que a aversão não pode permanecer pela frente. Os critérios médicos de Deus são muito potentes. Por vezes, esses espíritos antagônicos nascem como pai e filho, mãe e filha, ou irmãos. Daí se explica que entre laços consanguíneos tão íntimos possa existir a aversão, inexplicável para alguns.

A terapia de Deus é muito perfeita. Ninguém fica à margem do Amor Maior. Essa é a finalidade da vida: aproximar os seres através da fraternidade legítima.

Os homens de várias Nações, ou até mesmo de Estados próximos têm, às vezes, aversões uns pelos outros, de modo que não se conseguem entender. Por que a proximidade não consegue apagar os laços de desafeto?

Na verdade, a sombra aprende com a luz, a noite com o dia. Os que estão próximos têm a finalidade de mesclar energias, de alguma forma. E aprender, sempre.

Toda vibração tem o seu correspondente. Os que vibram em sintonia aproximam-se, inevitavelmente, e se admiram. Mas, os que vibram em contrário, também são atraídos pelos seus opostos. A energia se dá, totalmente. A luz se espalha de modo indiscriminado. As aversões se dissipam com o tempo. No final, só restará a Força Maior, calcada no Bem.

Na estrada do bem

Não há dúvidas de que a estrada do bem é mais difícil de ser trilhada. Exige doação, devotamento, persistência, coragem, altruísmo, enfim todas as virtudes cristãs. Aquele que se propuser seguí-la deve abster-se de pensar em si mesmo como foco principal do existir. Desloca-se para outro centro de gravidade, torna-se mais do próximo do que de si mesmo. Caminha com os olhos voltados para o Céu, mas com os pés na terra da realidade. Não pode sonhar demais. Sua meta é agir.

A estrada do bem é aquela que se elege quando o acordar é o imperativo máximo da vida. Nem sempre se tem consciência plena dessa escolha. Ela pode ser inconsciente, mas, sem dúvida é uma escolha de vida. Quem já acordou, seja por que meios forem, dispõe-se a trabalhar, tecer o caminho dentro de normas de conduta. Não mais se larga aos azares do destino, porém tece, ponto por ponto, a direção de luz que escolheu.

A estrada do bem nem sempre possui flores externas, perfumes, suavidade. Ela possui, com certeza, flores, perfumes e alegrias dentro do íntimo, certa satisfação que dificilmente alguém pode imaginar. É a recompensa ampla de todos os esforços e sacrifícios.

Quem é imediatista desconhece as dádivas de seguir esse caminho. Quer tudo rápido, imaturo, nem sabe ao certo que a própria pressa conduz ao caos interior, ao sofrimento. O caminho do bem é calmo, sem sobressaltos, mas é pleno de certezas. Quem o trilha sabe que, em cada passo, há de auferir muitas bênçãos.

O caminho do mal é mais largo, tentador, berrante, aliciando os incautos. Não te deixes levar por tentações: escolhe sempre o trecho mais difícil do percurso e colhe os louros do dever cumprido, da paz e da alegria.

Distribuir tarefas

Deus é a suprema energia espraiada pelo universo, mas sabe repartir-se. As hostes celestes são mandatárias da força primária. Os espíritos evoluídos têm parte na responsabilidade. Os homens encarnados também realizam tarefas em nome da energia suprema que os habita. Toda natureza se esmera em manifestar a grandeza do seu criador. Ninguém está a salvo de realizar.

Assim também, todos os seres devem aprender a delegar responsabilidades. Muitos não o fazem porque se julgam insubstituíveis. Não aprenderam a dar as mãos, a dar e receber energias. Negam-se a pedir ajuda. São ególatras. Se essa fosse a lei do Pai, não haveria oportunidade para ninguém. Mas, aí estão os sábios, os filósofos, os chamados espíritos santificados e os simples operários do dia a dia participando, contribuindo, auxiliando no propósito da redenção individual e coletiva.

Em todos os reinos, a participação é notória, haja vista, por exemplo, o reino das formigas. Já olhou um batalhão delas erguendo um grande inseto morto ladeira acima? Todas participam, nenhuma se esquiva e, por instinto, colaboram no afã de amealhar alimento para todas.

Distribuir tarefas e, quiçá, saber orientá-las quando necessário, é o trabalho maior. Os astros e as estrelas, os sóis e os planetas, os asteróides e os cometas, todos obedecem a uma lei inequívoca de equilíbrio. Nenhum ostenta os seus dons para aparecer um pouco mais do que os outros. O universo em sua compleição é sinônimo de humildade.

Sem colaboração não há êxito. O sucesso é feito de muitos liames, alguns ocultos, porém todos indispensáveis. Observa os dedos da tua mão. Todos exercem uma função, e todos se harmonizam para realizá-la. Não há privilégios. Todos são iguais!

Sensibilidade

Estar com os sentidos alertas, postar-se a serviço das designações superiores, ser como o instrumento afinado que parece reagir às vibrações do vento, ser puro e transparente, ter a alma a serviço da luz, entender as sutilezas da arte e da vida, isso é ter a sensibilidade a serviço do bem.

O espírito cresce à medida que se aperfeiçoa e estuda e trabalha, sente-se usado para a felicidade alheia, nunca desiste de aprender, levanta-se a cada queda com energia redobrada, programa seus dias em disciplinada faina, e então torna-se cada vez mais, o senhor do seu destino, a serviço da paz.

Os seres mantêm níveis desiguais de evolução, cada um no ritmo próprio. Nem se espere grandes escaladas em pouco tempo. A eternidade aguarda a todos e a ninguém apressa. Porém, se por vontade própria o espírito deseja galgar o seu Everest particular, e observar do mais alto as maravilhas do mundo, ninguém vai impedi-lo.

Entretanto, se desavisado andar por tortuosos caminhos e cair no despenhadeiro, não lhe será julgado o procedimento. Cada um tem dentro de si o tribunal pessoal, e também as forças para redimir-se, caso preciso.

O progresso ou a queda são ramificações do existir. Há quem trilhe caminhos retos, direcionados à luz, e aprendem antes. Nunca faltará sensibilidade ao aprendiz para saber como nortear-se. Se há teimosia em perambular por dentro da noite, o livre arbítrio não lhe é negado. Só que depois recolhe da mesma semente plantada.

A sensibilidade existe como instrumento de precisão, mais afinado em uns do que em outros. Porém, "a cada um será dado de acordo com as suas obras" e ninguém escapa de sofrer quando põe as suas faculdades primorosas a serviço das sombras. Não desviar-se dos objetivos é a Meta Maior.

Sabedoria

Os homens muitas vezes confundem os dotes da inteligência com sabedoria. Os dotes intelectuais podem ser desenvolvidos com exercícios mentais e pertinácia, até um limite incalculável. A sabedoria já nasce com o espírito. É qualidade inerente da alma. Vem do acúmulo de várias experiências vivenciais; está apenas encoberta, às vezes, mas se manifesta nas pessoas mais simples, nas crianças, e até nos portadores de dificuldades intelectuais de toda sorte.

A sabedoria ensina as maneiras de agir na sociedade, no convívio com os semelhantes, na escolha de certas atitudes e valores e no escutar as vibrações do sábio subconsciente. Ela se vale, muitas vezes, das intuições e não está restrita a diplomas ou títulos. Ela se expande no decorrer das existências e das experiências. Muitas vezes, vem apoiada no Amor.

Sabedoria é espontânea, não se exibe nunca. É pura e cristalina como água que brota da fonte. É ela que ensina à mãezinha humilde e inculta como fazer sobreviver os seus rebentos. É ela que mostra o caminho exato ao desespero do caminheiro. É ela que ensina, em silêncio, as mais sábias lições de conduta e temperança.

Sabedoria é o que o mestre Jesus ostentava, em suas palavras despretensiosas. É profunda e natural. Jamais engana, nem é solerte como os meandros da inteligência. Vai pelas veredas mais conhecidas, apossa-se de palavras comuns e, no silêncio de si mesma, sempre ensina o caminho certo.

Sabedoria é a fonte, a certeza, a harmonia, a verdade. Brota sem que lhe peçam água. Alimenta em silêncio; é a suprema bênção de Deus para aqueles que com Ele sintonizam.

Se queres ser sábio, sê simples. A sabedoria ignora os presunçosos.

Reconciliação

Se estás em débito com as leis do amor e do perdão, te é necessário reatar os laços afetivos. Ninguém pode viver amargurado por sentimentos menos dignos. A lei universal é expressa na conciliação dos opostos para a perfeita evolução. Ninguém sobrevive sozinho, nem deve desprezar a colaboração do semelhante. A vitória se faz enlaçando os contrários.

É difícil a harmonia perfeita, mas é possível a convivência sadia, livre de traumas e desgostos. Pensar no próximo como em si mesmo é a maneira segura de acertar. A rispidez e o azedume, a indiferença ou ódio são sentimentos contrários à lei do amor. Se este é doação plena, oferta de si em benefício de outrem, a inimizade, a apatia, os muros e as pedras de violência arrasam o conteúdo mental.

Quem está desperto e alerta sabe da necessidade de reconciliação com os demais, com o meio-ambiente e com o universo. Sem sintonia não se recebe o necessário alimento energético, indispensável à sobrevivência.

Se fosse possível a todos os homens conhecer o ambiente de vibrações que os cercam, com certeza seriam mais cautelosos com os próprios sentimentos e emoções. Tudo que separa estabelece muros de sombra sobre aqueles que não se entendem. A harmonia é necessária para manter a autoestima, purificar as vibrações e viver em sintonia com a Força Primordial.

Nunca alimente as pequenas sequelas do existir. Desfaze-te de comentários pequenos e de vibrações antagônicas. Procura harmonizar-te com a excelsa grandeza. Pensa e sente em amplidão de bondade e retidão. Não alimentes nenhum laço antagônico. Reconcilia-te com tudo e todos e o universo fluirá em paz, nas tuas mãos.

Lavrador

Que o lavrador seja digno do trato de chão. Que não lhe falte a vontade de manejar a enxada, revolver a terra, escolher as sementes, plantá-las com o calor das mãos e depois aguá-las com as suas lágrimas.

Este não é um quadro triste, apenas penoso e requer excesso de boa vontade. Assim é o plantio das tarefas que lhe são destinadas no decorrer da vida. Não importa o sol forte, nem a chuva pesada, nem os ventos adversos, nem a investida de animais. O que importa é a serenidade que há de se multiplicar no espírito, como se multiplicam os grãos nas espigas.

O lavrador é o meio, o instrumento da força superior. A ele cabe afiar os seus dons para a execução da tarefa. Se ele se atemorizar ou desanimar, se entregar-se à contemplação, no lugar de fazê-lo ao trabalho, então nada surtirá efeito.

No terreno da mediunidade, o médium é o lavrador. A ele cabe servir. É o instrumento por onde as tarefas se executam. Sem a precisa colaboração, todos os propósitos de fartura se perdem.

Haverá no horizonte dias bonançosos e dias de tempestades, de saúde plena e de saúde abalada, de prosperidade e de dificuldades, mas o verdadeiro instrumento do Alto não se abala: serve!

Há muitos campos ao redor destinados à ação do bem. Urge tomá-los, fazê-los produtivos e de acordo com a programação divina. Nenhuma oportunidade deve se perder. Embora o tempo seja infinito, as etapas dentro dele são provisórias. Quem não se apossar agora das oportunidades, só poderá fazê-lo no desdobrar do futuro longínquo. Não desperdices nem uma só das tarefas que se te apresentam agora. Não as desbarates! Suga até o fim o sumo do tempo para plantar a tua felicidade presente e futura.

Recordações I

Impressas no perispírito ficam as recordações de cada vida passada. Assim como as impressões digitais não se desfazem no corpo físico, as impressões da alma perduram. Servem como admoestações e avisos, placas de sinalização para cada momento a ser trilhado.

As recordações felizes são coloridas e vivas: amansam e satisfazem muito tempo depois. As recordações infelizes são descoloridas, sem viço próprio. Apesar disso, machucam a alma de quem as revive.

Tudo que fica impresso no espírito, serve de emulação ou reparação. Nada se perde e é de lembranças que vive cada ser. Embora não nos caiba viver no passado, é dentro do que foi vivido que está a base, o alicerce do que se é no presente.

Nem um pensamento escapa de ser gravado nos anais dos tempos. Como tudo é vibração, todos eles se fincam, indeléveis.

Algumas pessoas julgam que podem esconder o seu íntimo, e tentam mesmo escondê-lo de si próprias, quando há ideias e atitudes que as desqualificam. Porém, ninguém esconde nada do universo, e muito menos de si mesmo. Tudo fica impresso e só assim se pode constatar a evolução de cada um.

Não se trata de uma "gestapo". Não há intenções perversas, nem se quer culpar ou acusar ninguém. Esse processo perfeito visa apenas o aperfeiçoamento. É apenas um revivescer do que se passou.

É certo que nem todos gostam das suas recordações. Mas, se elas existem é porque têm influência positiva. Cabe-nos tirar o melhor proveito de cada imagem-lição, de cada experiência, para prosseguir melhores, os rumos do destino.

Conviver em luz

Conviver bem com os semelhantes, viver em harmonia, sem espinhos ou sobressaltos, estar bem na companhia dos demais, usufruir alegria da presença dos outros, é o objetivo do existir.

Aquele que tem harmonia dentro de si, naturalmente se predispõe a amar o próximo e conviver em paz. Quem tem problemas emocionais e variações grandes de temperamento, deve procurar, antes de tudo, a estabilidade interior.

A regra de ouro "faz ao próximo o que desejas para ti" ainda é um dos meios ideais para a convivência. Predispor-se a servir, usufruir das virtudes dos semelhantes, repartir e repartir-se, ser luz e receber dentro de si a luz alheia, fazem o percurso mais suave.

Ninguém nasceu para viver guardado dentro de conchas. Se assim o fizer não deixará conhecer o seu eu profundo e não poderá repartir-se. Só dando é que se recebe de volta.

Se tens o hábito do isolamento emocional ou físico, aproveita-te dele para vislumbrar o quanto é necessário abrir-se para que o Sol da convivência te felicite os dias.

Nem sempre, o isolar-se é um mal. Se o fazes, esporadicamente, para meditar ou traçar um rumo, tudo bem. Se o fazes para delinear os planos de um novo invento, de uma obra de arte, ou algo em favor da humanidade, tudo bem. Mas, no tempo restante deves dividir a tua essência, estender o teu amor e compreensão para sorrir junto com os outros...

Conviver em Luz é o bem mais aguardado por todo homem. A solidão física ou espiritual é um cancro. Não a permitas em teu percurso!

Recomeçar

O existir é um eterno recomeço. A espiral se estende no infinito, sobe - desce para tomar fôlego e ganhar novo impulso. É a lei da evolução. A estrada da ascensão é algo complicada. Se o espírito se eleva enormemente em determinadas virtudes e sabedoria, às vezes se atrasa em outras. Não é um aprendizado por igual. É assim que precisa descer um pouco (reencarnação) para ganhar impulso de renovar-se.

Não há escaladas íngremes, em plena vertical. Tudo se faz aos poucos e de modo seguro. Quem atinge determinado topo, deve descer em compreensão infinita para iniciar uma nova escalada. E nunca estará sozinho. Sem o apoio de outros braços nunca chegará ao seu objetivo. De recomeço em recomeço atingem-se etapas melhores e mais lúcidas.

Poucos ainda se deram conta desse processo sábio e infinito de crescer. Só o poder ilimitado do Criador criaria o progresso por métodos tão perfeitos e obstinados.

Até a natureza tem os ciclos naturais de começo e recomeço. Finda uma etapa, logo outra se inicia. Nunca há estagnação. Ela não é própria da Grande Lei.

Note-se que até mesmo nas famílias há eterna sucessão de papéis diferentes. Muitas vezes o neto é o mestre do avô. Quando este se vai para prosseguir rumos, deixa atrás de si os elos que hão de recomeçar a história, evoluir, aprimorar-se, aprender cada vez mais.

A via é muito alentadora para quem a observa. Fazer parte é a porção melhor da história. Ser elo é inserir-se no rumo do futuro, atado ao passado e dele tirando lições. O destino do homem não se faz em linha ascensional reta. É sinuoso e perfeitamente compatível com o plano evolutivo em que se encontra cada ser.

Admoestação

Ninguém está isento de receber admoestações no decorrer da caminhada. Cabe a todos ser humildes para enxergar nelas as pontes que elevam, e tiram dúvidas sobre o próprio eu. Que seria dos homens sem esses sinais de alerta? Embora a maior parte dos mortais se sinta constrangida em recebê-las, na verdade elas são o necessário despertador para a reflexão.

É na visão do próximo que se nos faz o retrato mais perfeito. E é preciso essa visão sem retoques do ego para redimensionar o caminho. É das palavras, às vezes um pouco rudes daqueles que chamam a atenção, que se encontra a chave do aperfeiçoamento pessoal. Dizem que ninguém pode nos fazer tão bem quanto os próprios inimigos. Eles nos desvendam as fraquezas de modo franco. É graças a eles que logramos caminhar sem venda nos olhos.

Os chamados amigos, protetores, só nos vêm o lado melhor, elogiam, elevam, desculpam, maravilham-se conosco pelas leis da atração. São agradáveis as palavras que pronunciam, tornam-nos felizes. Mas, os amigos jamais nos despem das imperfeições. Respeitam demais para tentar fazê–lo.

As admoestações do plano superior são também úteis ao progresso. Embora invisíveis, são eficazes e se manifestam através de experiências desagradáveis que levam à reflexão e ao refazimento das virtudes perdidas.

As admoestações de Deus chegam através das dificuldades, das inseguranças, das perguntas que o homem se faz, atônito ante os imprevistos. Porém, são sempre eficazes, silenciosas mãos a indicar o caminho da evolução. Não nos devem doer, mas aguçar o desejo de subir em entendimento, no entrelaçar perfeito da razão -sentimento.

Recordações II

O cérebro tem extrema capacidade de lembrar. Assim, os fatos mais importantes das várias experiências existenciais ficam arquivados na memória. E são inconscientemente lembrados como roteiros e sinais de alerta. As recordações, boas ou más, sempre levam à exacerbação dos planos existenciais. São o substrato das novas realizações.

O que o espírito realiza, leva consigo para sempre, como patrimônio. E é com ele que pode discernir os novos rumos. Não há escolhas: todo ser humano é o que já foi. Impossível separar da personalidade os traços mais marcantes. Vivenciar o que se passa dentro da sensibilidade é tarefa de todos. As recordações de acontecimentos anteriores leva à consecução mais difícil ou mais fácil das tarefas.

Para recordar não é preciso fazer nenhum esforço. As cenas se repetem ao infinito. E se a memória recente apresenta falhas, a memória do sempre está aguçada. O passado revive, as brasas se reacendem, a experiência rediviva leva à superação de muitas barreiras.

O ser humano total é composto de inteligência e raciocínio, emoções e sensibilidade, sentimentos e convicções, fraquezas, misérias, quedas e plenitudes. Deste emaranhado de circunstâncias é que se apresenta a alma imortal. Redesenhando seus principais traços, tentando superar-se, é nas recordações que encontra apoio para vencer barreiras naturais.

O homem é um ser complexo, é um universo a desafiar os raciocínios. Mas, é possível chegar a um consenso. Basta relaxar a mente e pesquisar. Nem sempre se chega tão rápido à consciência plena de si mesmo. Entretanto, o acordar é sempre possível.

Religiões

As religiões são sempre normas e diretrizes para que os homens sigam roteiros menos sinuosos. Assim como todas as filosofias, nenhuma está completamente acabada. Se assim fosse, em breve morreriam. A evolução é o caminho certo de todas as religiões que almejam sobreviver. Assim como cresce o entendimento no homem, e o seu desejo de aperfeiçoar-se, assim também crescem os conceitos que os regem.

Religiões são conjunto de prescrições, de acordo com as necessidades evolutivas daqueles que as abraçam. Cada povo precisa de princípios diferentes, como os doentes, com suas medicações próprias. Nem se poderia prescrever a todos o mesmo tipo de paliativo. Respeitar as personalidades e os costumes sempre foi a meta. O velho ditado "cada povo com seu uso, cada roca com seu fuso" ainda faz sentido.

As religiões em si não salvam ninguém. Apenas abrem os olhos para a realidade. Os chamados cristãos, não vão adentrar o reino dos céus se não praticarem os preceitos do Cristo. Religião não é santuário, nem culto, nem dogmas. É essência a ser assimilada.

Orientais e ocidentais têm diferentes meios de expressão. Cada povo chega a Deus por caminhos diversos. Cada raça fala com Deus em seu próprio idioma.

Os homens estão condicionados à herança genética, social e ambiental. Tudo isso deita raízes difíceis de eliminar. A cada povo segundo as suas necessidades. É então que um dia, em glória, todos os conceitos serão comungados e repartidos, para um feliz completamento.

Religiões são apenas sinaleiros, modos de pensar e agir, preceitos. Se não saírem do papel para a evolução do homem, não consumam seu fim.

Desanuviar

Nos dias de euforia coletiva, tanto se avolumam nuvens vibracionais de alegria, como de precárias emoções. A alegria íntima é um bem. Já a euforia exagerada e inconsequente conduz a desvios de comportamento. Nenhuma emoção, estimulada por agentes externos, pode conduzir à paz. Os preparados etílicos, os propulsores de arrebatamentos, como as drogas, levam ao esquecimento das comedidas regras de conduta. Muitos desejam esquecer de si mesmos, ou esquecer mágoas e encontram nessas festas quase pagãs, o lugar apropriado para realizar os seus intentos.

Para desanuviar os vazios interiores não há nada melhor do que os recantos tranquilos, o contato com a natureza, a meditação, a alegria familiar, o cultivo da prece silenciosa e feliz. Todas as nuvens, carregadas de opaca sombra e de inquietação, diluem-se ao contato de energias positivas. Sabe-se que o pensamento é força capaz de realizar milagres. Seria de bom alvitre se todos pudessem enxergar as idéias materializadas e concretas derrubando barreiras julgadas intransponíveis. Se todos tivessem a percepção adestrada, e pudessem sentir de perto a força adormecida dentro de si, por certo a usaria para combater atitudes das quais depois se arrependem.

Muito poucos estão conscientes de que são energia pura, provinda de Deus. E seria tão fácil desanuviar más circunstâncias! No entanto, como o progresso é paulatino, dia virá em que os homens serão senhores do seu destino e não se deixarão engolfar por circunstâncias adversas.

Só quem ainda se encontra adormecido é capaz de viver em dor, sem sacudir as asas em busca do grande voo.

Resultados positivos

Seguir determinada religião, acatar-lhe os preceitos, conviver com pessoas do mesmo credo, basear a vida em um punhado de regras, sempre produz resultados positivos. Quem anda à volta, na correnteza da vida, corre o risco de bater nos rochedos e estraçalhar as esperanças.

O homem sempre teve necessidade de seguir um grupo de preceitos, desde a infância. Os pais são aqueles destinados a inculcar as primeiras noções de conduta e adaptação às regras de vivência do meio em que se instalaram. Depois, a própria vida ensina e, muitas vezes os descendentes - aqueles que já nasceram com vasto patrimônio - são os que ministram as lições.

Espera-se colher, sempre, resultados positivos, das ações. Nem sempre se o consegue. Muitas vezes é necessário repisar lições. O esquecimento é parte integrante: cumpre reavivar a memória, ensiná-la a trabalhar com eficiência. Todos almejam ser felizes em seus propósitos. Ninguém se conforma com o fracasso. É próprio do ser humano desejar o melhor.

Cada vida tem determinados objetivos. O espírito reencarnante tem, na memória profunda, a confirmação da sua tarefa. Se não se distrair, corromper ou turvar a visão, enxergará com clareza o que Deus espera dele.

Alguns seres vêm com missões maiores, compatíveis com o seu estado evolutivo, Outros chegam com tarefas pequenas, mas, mesmo assim as realizam. O importante é não competir por méritos. O mérito maior é sempre o de Deus.

Tenta fazer o melhor a cada momento: em paz interior e diligência nas mãos cumpre o teu dever, sempre. Os que virão após ti hão de usufruir os bens, sem nem saber-te o nome. Não importa! Deixa o teu sinal para que os vindouros colham os "bons resultados". Eles são sempre dádivas do esforço alheio...

Acordo

Viver de acordo com certos princípios é como escorar-se numa estaca, sem temer a força do vento e das tempestades. Todos querem sentir-se seguros, firmes, atados. Aquele que não tem o apoio do afeto alheio, ou de regras de conduta, sente-se jogado no encapelado da vida.

Segurança é atributo desejável para todos. Quando o horizonte obscurece e não mais se sente o calor do sol, a expectativa do amanhã também se desvanece. Todos querem abrigar-se na certeza. Este é um bem almejado e podem apossar-se dele através da crença em padrões elevados.

Não há nenhum homem que se sinta confortável diante da incerteza do seu porvir. O que será o dia de amanhã? Que surpresas ele coloca nas suas dobras e no esconso do ignoto? Como enfrentar os medos naturais?

Não se preocupe. Deus dá a cada dia os seus cuidados. Não queiras adiantar-te demais. Vive de acordo com a sucessão natural do tempo. As surpresas agradáveis ou desagradáveis fazem parte do percurso.

Vive sereno e seguro das tuas prerrogativas de filho do Criador Perfeito. Tens em ti, vibrando, a essência do Pai. Usa-a a teu favor.

Viver de acordo é aceitar com equilíbrio as possíveis controvérsias do percurso. É aceitar o que o chamado "destino" se nos apresenta. É também saber lutar, sem nunca perder as esperanças.

Se queres viver em perfeito acordo e sintonia com o universo, urge modificares agora, a tua descrença. Acende o sol interior e recebe o calor da luz que mereces, por direito divino.

Brilhos do carnaval

O carnaval é um período em que algumas pessoas gostam de se adornar de muitos brilhos. Inclusive a alma se engalana de alegria exagerada que pretende luzir no escuro da inconsciência. As lantejoulas, no entanto, têm brilho fugaz. Duram apenas relâmpagos. A glória de ser maior e melhor se esfuma. Só resta o cintilar das lágrimas, de ventura ou tristeza, ou o brilho da pouca saudade que fica.

Ainda há quem faça, do período de Momo, a própria felicidade de todo um ano. Há planos completos e demorados. Os corpos são esculpidos para se mostrar ao público. As alegorias despertam interesse. É a ânsia de ser melhor nas competições desenfreadas da vida. Muito dinheiro é despendido na realização do sonho que dura só poucos dias. E depois vem o gosto das cinzas.

Quarta-feira de cinzas: é este o termo. Dá a impressão de que as fantasias se incendiaram e restam apenas desilusões. É o amargor do que passou tão rápido...

Sempre existiram sonhos de glória e fausto. Os desfiles carnavalescos, no Brasil, são apoteoses de deslumbramento para os que os assistem. É um modo de esquecer, o oblívio das dores, preocupações e canseiras. Há um desvario e imersão em fantasias eróticas e etílicas, afastamento temporário da realidade. Alegria genuína é pouca.

Não nos cabe condenar. Cada um está no degrau que lhe compete, e é feliz como consegue. Pena que após as alegrias esfuziantes apareçam desilusões.

Os brilhos do carnaval da vida sempre se apagam. São tão fugazes como as ânsias de ser feliz nesse período. A alegria duradoura não tem brilhos externos.

Revisão

Assim como o estudioso revisa os conceitos antes de uma palestra, e os alunos recordam a matéria antes do exame, assim também é necessário rever os princípios da vida. Desde a mais tenra idade, e até mesmo em existências anteriores, acumulamos lições. A sabedoria nos impõe disciplina, e vai daí o imperativo de fazer presentes na memória, os fatos importantes, as diretrizes, a lição deixada pelos erros.

Urge lembrar e deixar viva na memória, o que nos fez felizes e o que nos levou às lágrimas. É tarefa de imediata necessidade, repassar experiências, sem demasiado apego. Aquele que assim procede, otimiza e solidifica as lições aprendidas...

Se o método é necessário nas mais pequenas tarefas, muito mais ele é necessário na libertação do espírito. O homem tem a faculdade de rever, no consciente e no inconsciente, os princípios básicos das várias religiões que abraçou e das aulas de vivência, dadas por familiares. Os conceitos abstratos dos bancos escolares, dos mestres eruditos, e das pessoas humildes trespassadas de sabedoria, devem voltar à tona, para reafirmar-se. Tudo é questão de hábito e disciplina.

Há quem não dê um novo passo, sem olhar, por instantes, para trás. Há também quem costuma anotar, por escrito, os relatos de experiências. E há aqueles que apenas confiam na memória. Mas, com um método ou outro, o importante é que todas as lições sofrem processo de revisão.

Na escola da vida, como na escola tradicional, aquele que se orienta por planejamento, método de estudo e disciplina, tem sempre maior eficácia. Portanto, revê tuas experiências, e tira delas o melhor proveito.

Restrições

O existir não é um deslizar contínuo e ameno. Ele nos impõe restrições necessárias. De vez em quando surgem obstáculos como convite à reflexão. Se assim não fosse, o homem não teria os momentos de pausa necessários para refletir nos acontecimentos.

Só quando surge o obstáculo é que o homem medita em profundidade. E aí, com a mudança de perspectiva, as soluções aparecem claras. As pausas necessárias são apenas aferições do aprendizado.

Caminhar sem nunca se deter é não tomar fôlego, é ir mais depressa ao indesejado fim. Sem meditação profunda, caminha-se inevitavelmente para o vazio. As crianças detestam restrições à sua liberdade. No entanto, se fossem jogadas ao léu, iriam sentir-se deprezadas. Impor limites é a forma mais difícil de amar.

O percurso é longo, cheio de imprevistos. Estar à testa dos compromissos é ter certeza da vitória. É fora de dúvida que todos preferem os caminhos mais amenos, sem dificuldades: a vida como o nadar num lago manso. E onde ficariam as correções de rumo? Onde ficariam os necessários exames de consciência, os planejamentos de rotas, a correção dos percursos, a estabilidade dos pés firmes no solo?

Até as aves que nadam nas águas brandas precisam voltar ao solo firme para exercitar as forças, fazer seus ninhos, criar a prole e enfrentar um mundo diferente e mais sólido.

Assim é o homem. Não pode ainda flutuar indefinidamente. É deleitoso olhar a si mesmo, no espelho líquido, mas é ainda mais importante dar à vida o rumo concreto do esforço e da vigilância. Sem restrições, ninguém alcança o progresso.

Recados

Apesar de nem todos ouvirem a voz da intuição, os companheiros do alto estão sempre enviando recados precisos. São normas de conduta, indicações do melhor caminho, meios de realizar determinados empreendimentos. Apesar do respeito ao livre arbítrio individual, sempre há sugestões que facilitam o percurso.

O transmitir impulsivo de idéias é, quase sempre, processo obsessivo. Mas, a suave indicação do caminho, o encorajamento e até mesmo a proteção contra os males, são tarefas dos espíritos guardiães.

Nem todos ouvem as sugestões. Há aqueles, revoltados, que agem de forma contrária ao que se propõe. Porém, aqueles que são dóceis sempre se saem beneficiados. Há quem diga que certas pessoas são dirigidas pelo "anjo da guarda". Assim é. Todo aquele que se posta em oração e séria conduta é regido por vozes que o querem aprimorar cada vez mais.

A tarefa dos espíritos protetores é enviar recados aos seus tutelados. Se eles os ouvem, ou não, realmente não importa. De qualquer forma, são sempre bem assistidos. A misericórdia de Deus não desiste de ensinar, e seus prudentes intentos são sempre seguidos à risca pelos que se dizem, e são, os protetores.

Mesmo o mais perverso indivíduo tem, dentro do íntimo, a chamada voz da consciência que é, realmente, a voz de Deus. A perfeição sempre se manifesta! O Senhor do Universo é complacente com todos. Ele manda recados através da natureza, da perfeição de tudo que foi criado, da cronometria certa, da exatidão perfeita.

Quem se dispõe a abrir-se e ouvir os recados que lhe são enviados, já conquistou a melhor parte do caminho. Basta continuar! Seguir acompanhado de luz é bem melhor do que permanecer na sombra...

Docilidade

Aí está a qualidade própria dos santos e dos sábios. Ela é irmã primeira da modéstia e da humildade. Extravasa do íntimo e se perpetua no semblante. Depois escorre do semblante, em forma de vibrações e alimento.

Localiza-se nos olhos e se espraia por toda a fisionomia. Perpetua-se na voz. É puro encantamento que realiza o milagre da conversão dos fiéis à luz da verdade maior.

A docilidade é a virtude flexível, própria dos espíritos feminis, mas que é, sem dúvida, apanágio de muitos homens célebres. Como contestar o dom da virtude nessas almas que chegam ao planeta com o fim de disseminar noções ainda impúberes?

Todos os grandes sábios, embora às vezes encastelados em suas cogitações, são espíritos flexíveis, dóceis, simples, irmanando argúcia à beleza imaterial do amor ilimitado.

Só quem tem elevados pensamentos pode cultivar a flor da doçura no seu íntimo. Ela é avessa a revoltas, indisciplinas, ódios ou indevassáveis sentimentos. Permanece no íntimo como rara criação ímpar, exalando o perfume da fraternidade sem limites.

Os grandes líderes chamam a atenção, atraem, têm magnetismo e conseguem, em lapso de tempo diminuto, cativar, extasiar e arrebanhar adeptos. Ainda não se sabe a razão porque o indivíduo dócil e sábio, guarnecido do manto insofismável do amor ao próximo e cheio de alevantados ideais, consegue impor-se através dos tempos.

Jesus foi modelo vivo de docilidade e ternura. Jamais ostentou sabedoria, mas impôs-se como figura ímpar, no decorrer das eras.

Vida

Vida e morte são duas situações que se complementam. O nascer de todos os seres e de todas as coisas já está predestinado à morte. Tudo que se inicia é apenas um ciclo. Quando este termina, inevitavelmente vem o fim. E recomeça outro período. Assim é na vida dos homens e na vida dos planos sidéreos. Planetas e Luas existem e depois de milhares de anos acabam por extinguir-se. Assim também é com as plantas: vivem e morrem. As próprias árvores, mesmo que pareçam eternas como as sequóias, também desfalecem o seu ciclo vital.

Quando uma semente germina, quase imperceptível, pensamos que viverá eternamente, pois a força do começo é explosiva. A semente-óvulo transforma-se em corpo perfeito. O ser frágil e indefeso cresce e se expande porque nele habita algo quase inconcebível: o espírito. E, no entanto, dessa aparente fragilidade pode despontar a inteligência de um sábio, a sensibilidade de um artista ou de um filósofo, o equilíbrio de nobre magistrado.

A vida é perfeita. Observa-a no seio de uma semente, na textura de uma pétala, na argúcia inocente de uns olhos de criança. Observa-a na circunvolução dos astros, na maestria do universo, no corpo material, desde uma simples unha, até o coração. É perfeição à mostra para quem tem olhos de ver.

Vida é verdade e sabedoria. É por isso que se deve reverenciá-la com atos nobres, palavras generosas e ações fraternais. Esse é o único meio de agradecer às forças primeiras toda a perfeição com que brindou o homem. Se a vida é algo de tal magnitude, cabe ao homem honrá-la com devoção e ação enobrecidas.

Inauguração

Sempre é tempo de inaugurar. O que é antigo desbota, perde o viço, envelhece. Sempre é necessário o bafejo de novas circunstâncias e paisagens para se cobrar novo alento.

Há pessoas que permanecem toda uma vida atadas a determinadas circunstâncias, à rotina, ao que já existe ao redor. Não há espaço para o devenir. É que qualquer mudança exige predisposição, coragem para enfrentar o desconhecido, abrir nova página do livro. Quem se contenta com a rotina, jamais preenche certas necessidades da alma.

Não estamos falando de mudanças intempestivas, afobadas, apenas por espírito de aventura. Mas em mudanças para reaquecer e aerar o íntimo, mostrar novas perspectivas, abrir horizontes, olhar ao redor com olhos renovados.

Há espíritos que se acomodam à inércia, jamais buscando o novo. É aí que se estratificam, endurecem, perdem a flexibilidade. Até ler páginas de pensamentos contrários aos que lhe são próprios, ensina a raciocinar com inteireza.

É evidente que a maior parte dos homens se acomoda no "status quo". É mais seguro e confortável. Por que abrir novas perspectivas se aquelas vigentes os satisfazem?

Abrir-se para o inusitado, conhecer lugares diferentes e novas pessoas, conversar com vários tipos de personalidades, ler algo diferente do usual, aprender novos idiomas, ouvir músicas diversas do que se costuma, tudo isso abre o cérebro a novas propostas, desenvolve.

As inaugurações em si próprio são sempre bem vindas. O espírito é multifacetado e precisa alimento para crescer em todos os sentidos.

Estima

Esse é um sentimento nobre, situado entre a amizade e o amor. Cada um tem características próprias e inequívocas. A amizade é totalmente fraterna e é um sentimento sem paixões, direto, quase puro. Esse é o que nos dedicam os familiares e os amigos. O amor é o sentimento que tanto pode ser nobre, como revestido de paixões: ciúme, possessividade, desejo entranhado de prender. No entanto, é dele que nascem os filhos e a descendência se faz. O amor altruísta e elevado é próprio dos sábios e santos: redime, eleva, exalta, vive a serviço da oferta de si mesmo.

A estima é o sentimento sem cores marcantes, sem aberrações, sem fervilhar de sentimentos menos dignos. É generosa e fica entre o humano e o divino. Não prende em laços desarmoniosos, nada almeja, é uma dádiva total. Os que realmente estimam a outrem estão num elevado patamar. É um querer bem sem desejo de posse, sem egoísmos ou ilusões. É um sentimento sólido, que dura por tempo indeterminado, durante muitas vidas.

Podemos dizer que estima é o sentimento que Deus tem pelos seus filhos: não privilegia a ninguém. É pura oferta: seus cuidados se estendem por todo o sempre e os elos são indissolúveis.

Dirão alguns que tudo não passa de definição, nomenclatura, rotulagem. Talvez... Quem pode analisar os sentimentos e pôr um nome diverso em cada um?

Esta é uma análise geral, apenas com o fim de nomear, para que cada um se interiorize e situe na grande escala de cores. Cada cor representa exatamente o que se passa no íntimo. A estima não tem nem o vermelho da paixão amorosa, nem o verde da amizade. Tem colorido próprio e eterno, indefinível...

Reflorestamento

As reservas naturais do planeta vão, pouco a pouco se extinguindo. A ação do homem tudo devasta. Os pulmões do mundo estão doentes. Extrai-se o máximo em proveito próprio, e muito pouco se repõe.

Atualmente, há uma certa conscientização. Os 'partidos verdes' lutam pelo reflorestamento das matas atingidas pela incúria humana. Mas esse pensamento ecológico ainda é restrito. Poucos se preocupam com assunto de tão alta magnitude.

É preciso, sim, replantar o que foi extraído. A época do colher e usufruir sem esforço está terminando. Sem a certeza do amanhã talvez o homem se disponha a ser mais precavido.

Das reservas naturais, as árvores são as mais imprescindíveis, pois serão a fonte mais certa de alimento e conforto, ar rarefeito e esperanças para todos.

De todas as reservas: petróleo, energia atômica e algures, a que é feita de raízes, tronco e folhagem é a mais notória e conhecida no planeta. Os antigos espiritualistas já a reverenciavam. Simboliza a certeza da terra-alimento, seio-escondido pronto à saciedade alimentar do homem.

O plano de reflorestamento do planeta é atitude perfeita. Além dos limites e fronteiras, o solo se alarga à espera da mão do homem. Cumpre dar-lhe nova oportunidade. A continuação do desmatamento desmedido conduzirá à atmosfera pesada, irrespirável.

O plano de replantar o que foi extraído é de sábia procedência. É suficiente a responsabilidade dos governos e de todos os homens na tarefa de repor. Não é possível ser predador, como certas aves e animais. O ser racional sabe das suas responsabilidades e jamais deve dar-se ao luxo de esquecê-las.

Reprodução

Tudo se reproduz e viça em termos de novo. Há uma força pujante que não permite a estagnação. Desde os insetos, as plantas, os animais, tudo se desenvolve de modo a eternizar a vida.

Durante milhares de séculos, houve acidentes gravíssimos na face do planeta. Dava a impressão de que ele iria se aniquilar, por completo. E das cinzas e dos terremotos, das avarias imensas, surgia a vida, lutando, emergindo do quase nada restante, para impor-se como chama eterna.

Não há possibilidade de existir o nada, o vazio: a presença divina se manifesta sempre. Nenhuma força nuclear ou química é capaz de destruir os propósitos eternos do Criador.

Até os insetos mínimos, atraídos pela força de atração, reproduzem-se. É indefectível a presença da vida cósmica, eterna. O planeta regurgita vida. A perfeição divina sempre se manifesta.

Assim como as forças negativas também se juntam, em desabalada carreira para a destruição, as forças do Bem se juntam para reconstruir. No seio dos grupos sociais e das famílias, também existem alguns momentos adversos, em que se pensa no predomínio da desavença e do Mal. Porém, a força íntegra da união sempre visita e, pouco a pouco, regenera tecidos destruídos para que reine a perfeita saúde do corpo social.

Vida é manifestação de Deus. E, não importam quais sejam os obstáculos, ela sempre se manifesta. Vida, no seu mais amplo sentido, é o que se assiste nos fenômenos de reprodução. É a prova inconteste de que há leis, e jamais reinará o caos.

A reprodução das idéias latentes, e das idéias adormecidas, mostram que há um caminho imediato a seguir. Nada poderá impedir a força maior. Mesmo que haja só um elemento restante, a vida sobrevive!

Embalo

A perfeição de Deus embala-nos os dias do existir. Mesmo quando ainda encavernados nas pedras da imperfeição, era possível ter alguma noção do belo. O amor divino sempre foi confortável e paciente. Nunca nos apressou o evoluir. Soube esperar o lento desencadear de todas as virtudes.

A perfeição não tem pressa. Sabe aguardar o momento certo, e a evolução se faz paulatina, amena e segura. Aquele que evolui não retrocede porque está estabilizado pelo tempo. É tudo tão magnificamente perfeito que ainda não foi possível aquilatar a perfeição em toda a sua grandeza.

O infante, de passos vacilantes e inseguros, pouco a pouco cria forças, consegue andar firmemente e até socorrer quem ainda está a caminho.

Quando a mãe embala o filho, mal pode imaginar que Deus faz o mesmo com toda a natureza e com todos os homens. Nunca ninguém foi abandonado. Por mais tempo demore para começar a vislumbrar o mundo ao redor, o progresso de cada um é sempre certo.

A criação é sábia, e dá a todos os meios de desenvolver-se. Se observares o andarilho andrajoso talvez penses que foi abandonado, que não tem perspectivas. Mas, se pudesses adentrar o íntimo desse homem, verias que lá mora um ser frágil, mas predisposto à superação.

Ninguém é abandonado porque tudo e todos estão encadeados num só propósito. Embora pareça idiossincrasia divina ou aberração, tudo visa a um fim. Até os mais terríveis tremores sísmicos, os mais indevassáveis sentimentos, a podridão do charco, ou as labaredas das discórdias entre países, tudo tem propósito definido, e no embalo da perfeição que tudo acomoda, encontrará o seu dia de sol esplendoroso.

Quistos

Há quistos sociais e há, também, quistos dentro do ser humano. São experiências traumáticas que se unem em vibrações deletérias e produzem as mais variadas infecções espirituais.

Geralmente quem está enfermo nem sabe, porque no início, as vibrações são sempre silenciosas e imperceptíveis. Só quando a doença aparece procura-se, por todos os meios, achar as causas. Mas, elas estão enquistadas no passado, cobertas por camadas de desmemoria.

Há também os quistos envenenados dos sentimentos. São emoções aviltadas, amor transformado em aversão, orgulho e vaidade comandando as ações. Ninguém se dá conta de que tudo aquilo que pensa ou sente de mal, se enquista dentro de si, formando cistos de negatividade que sugam as energias.

O ideal seria combater ideias decadentes e sentimentos perniciosos. Se a estrutura é mantida livre de contradições, por certo sobreviverá forte. Os núcleos e quistos de inteligência emocional, viciados, acabam por desestruturar as mais belas reservas. Eles sugam energia, e tal como cancros só são desfeitos com paciência, prece e conduta esmerada.

Não há meios de livrar o indivíduo de coisas que ele próprio cria. São como reservas pessoais e se materializam tanto com os bons como com os maus pensamentos. O que nasce se expande. É por isso necessário ter cautela ao pensar e agir. Nada se perde em matéria de vibrações e o indivíduo é sempre a somatória do que criou. O cuidado do homem deve ser de atenção e alerta, para não enquistar formas perniciosas de expressão.

Revidar e Repartir

Revidar e repartir são duas atitudes opostas. Revidar é repetir o erro e voltá-lo em direção ao suposto agressor. Se alguém recebe uma ofensa, um tapa no rosto, ou alguma opressão grave e instintivamente retorna tudo isto em direção ao oponente, está revidando. É receber e dar, no mau sentido. Repartir é oferecer ao que está ao lado, o bem que se tem em mãos. É comer juntos do mesmo pão.

Enquanto a primeira hipótese denota limitação dos princípios, a segunda denota largueza de visão. Um é defeito e o outro é virtude.

Revidar é o mesmo que dar asas à vingança. Repartir é aninhar o amor fraterno. O homem primitivo só tinha um objetivo, o próprio eu, já o homem evoluído não apenas se contenta em ter, mas em repartir.

No mundo atual, o homem continua dando o que recebe, seja amor, indiferença ou ódio; assim aprenderam, assim agem.

A própria vida é dádiva. A terra devolve a semente que foi plantada e os cuidados dispensados ao crescimento do fruto. A natureza é tão sábia que em cada árvore os frutos escondem milhares de sementes. É oferta total. Assim também deve ser a atuação dos homens: repartir e repartir-se. Esta é a solidariedade tão apregoada. Ninguém escapa dos seus imperativos. Entretanto, a magia de quem dá com amor é a magia de quem devolve, revidando. Abstém-te deste sentimento impregnado de rancor ou ódio.

Só quem tem altitude cósmica, tem capacidade de doação. Já que dois fatos diferentes têm sentido tão diverso, cumpre escolher, dentro de ti, qual é a melhor atitude. Se queres evoluir, escolhe sempre a virtude de repartir, e nunca revides as ofensas.

Compaixão

Esse é um sentimento que mistura piedade ao amor. Só quem tem o coração predisposto ao querer-bem, é capaz de sentir compaixão. Esse é um sentimento altruísta, cheio de benemerência. São poucos os espíritos capazes de sentir algo tão generoso pelos seus semelhantes.

A compaixão comove, e move as pessoas em direção à remoção dos problemas e dores que por acaso estão influindo em alguém. Adivinha e sabe de pronto em que ponto sensível a pessoa deve ser curada. Esse sentimento pode existir em relação a uma criança ou às dores do mundo. Se um infante ainda não pode expressar os seus sentimentos, só a compaixão pode alcançar-lhe as necessidades. Se o mundo anda doente, cabisbaixo e atormentado por vicissitudes da natureza, só a compaixão pelos semelhantes pode amenizar a dor desse arrasamento.

A compaixão é filha dileta do amor incondicional, desse que não conhece fronteiras e se expande aliviando todos os tormentos.

Quem não se compadece do sofrimento alheio é incapaz de amar. Esse é um sentimento enobrecido, capaz de remover feridas e apaziguar incertezas. Quem se compadece está, sem dúvida, preparado para viver num mundo de paz.

O planeta vive em tantas convulsões físicas e espirituais que se semelha a uma bolha prestes a estourar. Mas o aniquilamento total não existe. Tudo na natureza se renova. Não se deve nunca acreditar em desgraças. Os extremos não condizem com a sabedoria divina. E, se porventura acontecem desastres maiores, são apenas meios de renovação e destinados ao bem comum. Não devem desiludir às expectativas do homem.

Enternecimento

Almas puras e desveladas têm um enternecimento especial em relação ao próximo. Jamais se fecham em paredes de gelo, ao contrário, se abrem como flor desabrochada e exalam perfume. Dão-se com a mesma naturalidade com que respiram. Viver em função do dar-se é não saber viver sem ser dádiva.

O mundo está carente de almas assim. Em geral, o que se nota é o mais entranhado e profundo amor próprio- preocupação consigo mesmo. O ego ocupa o lugar principal nos pensamentos.

Almas capazes de enternecerem-se ao olhar o viandante que passa, e oferecer-lhe o privilégio do seu morno calor, são raras e preciosas. O mundo está ávido de afeto, ternura e devoção.

Todos, sem exceção, precisam do calor de outras pessoas para dar um sentido superior às suas vidas. Os trabalhos inúmeros, canseiras, monotonia e desilusões vão, pouco a pouco, alquebrando o caminheiro. É então que no percurso, encontra um sol, uma voz que o entende e compartilha sua vida interior. Daí tudo se modifica: o cotidiano ganha nova cor e o entusiasmo passa a dominar.

Enternecer-se é repartir, dar-se em função da alegria alheia, sorrir junto, abraçar os mesmos ideais; é ser tão dadivoso como o divino esplendor. Essa virtude pode ser cultivada, mas, em geral, é propriedade intrínseca da alma. O espírito terno é visível, embora às vezes esteja camuflado pelas circunstâncias. Mas, transmite energia. É instintivamente admirado e compreendido. É um elo presente nas agruras da vida.

Disponível

O medianeiro das energias espirituais deve estar disponível por inteiro: sem preocupações pessoais, sem sintomas físicos que atrapalhem a emissão e recepção de ideias. É uma doação por inteiro e por isso, sempre bem vinda e apreciada.

Nem todos estão assim abertos à doação de si mesmos. As preocupações do mundo material surgem como empecilhos. Compreende-se quão difícil é a tarefa. Mas, há muitos que a ela se dedicam, embora às vezes, de modo inconsciente. Este é o caso de certos médicos, enfermeiros, pesquisadores, educadores, artistas e todos que realizam tarefas em benefício do próximo.

Ao lado do homem material, há sempre espíritos que o assistem e têm o mesmo propósito. As tarefas em conjunto são muito comuns. Neste estágio evolutivo, elas ainda não são identificadas e percebidas. Assim que a evolução se efetua, a conexão espírito-matéria é visível por inteiro.

O mundo espiritual e o material são um a extensão do outro. Eles se completam. Em todos os núcleos religiosos já se percebe a influência do que dizem chamar-se a luz da inspiração ou do "espírito santo". Tarefas importantes se realizam nessa sintonia. Para que isso aconteça, é necessário ter à disposição elementos transmissores. Para ser disponível é preciso disciplina, discernimento, convicção, metas. É preciso a doação de si mesmo, confiança e ideais somados.

Disponibilidade é preciosa e bem aproveitada. Ela também se realiza em sentido inverso. Quando os homens suplicam auxílio, proteção e diretrizes, os que aqui estão os atendem. É um trabalho em comum, abençoado e de intensa cooperação.

Afortunados aqueles que estão disponíveis para servir. Eles serão galardoados com muitas bênçãos!

Nostalgia

Em todos os seres existem alguns momentos de nostalgia: lembranças de certos estágios vividos. Os espíritos superiores, quando descem de suas alturas para ajudar os aflitos sentem, nos momentos de solidão e descanso, a saudade atenuada dos lugares onde vivem.

Os homens que decidem morar em outras terras e passam muitos anos afastados, sentem-se embalados pela lembrança. Não é uma dor exacerbada. É apenas um tênue sentimento que não sabem nem mesmo definir.

Os homens são feitos de dura cepa, para enfrentar as dificuldades. Mas, no meio dela existem os vazios, preenchidos com sentimentos vagos que abarcam todo o ser e o inundam, morrem dentro dos olhos e quiçá façam cair uma lágrima nesses momentos. Não existe uma só criatura que não tenha vivido algo assim...

A nostalgia é passageira, vai e volta e denota a fragilidade dos sentimentos, a delicadeza das emoções. Mesmo o homem mais enrijecido tem, bem no íntimo, a nostalgia que às vezes transfigura a fisionomia.

Os exilados e os aprisionados, os enfermos e os próprios dementes têm os momentos de sair de si mesmos, em busca de outros lugares ou tempos em que foram mais felizes e realizados.

Não há quem seja movido só à lógica e raciocínio. Mesmo os maiores potentados têm seus momentos de lembranças que os remetem para fora do mundo restrito, e por vezes cruel.

A nostalgia é apanágio da sensibilidade e essa característica, bem dosada, leva ao equilíbrio das forças, e à vitória das mais altas qualidades do espírito.

Educar

Educar é uma grande dificuldade que se estende por todo o planeta. Das tarefas magnas, talvez a maior seja preparar os espíritos para enfrentar mais uma etapa dentro das inúmeras chamadas etapas evolutivas. É evidente que o esforço sempre obteve resultados surpreendentes, haja vista os verdadeiros milagres que ocorrem no desenvolvimento das civilizações.

A criança é um ser plasmável como a argila fresca: nas mãos de quem a dirige, toma as mais variadas formas. A obra final é sempre admirável e duradoura. Cumpre aos pais e pedagogos, continuar a tarefa de etapas precedentes e completá-la. O resultado final caberá ao próprio espírito, pela auto-educação, disciplina, observação e cuidados.

A educação não é obra de um dia. Prolonga-se pelos tempos, mas o período em que a criança está diretamente em contato com a presença dos pais e professores, é de grande significado.

Os grandes educadores não se limitam a ensinar regras e raciocínios fixos. Eles se põem sempre do lado da educação global; a moldagem do caráter é uma delas. Ensinar regras de conduta dentro da vida é o mais importante.

A formação integral do ser humano é mais essencial do que encaminhar à cultura. Esta é fragmentada e unilateral e nem sempre é válida para todas as experiências. Mas, a verdade maior é integrada e se completa no decorrer das vivências.

A arte maior da educação não é podar. Esta se faz quando o erro se propôs rumo inadequado. A sabedoria está em amparar os galhos tenros, na direção a luz. O restante é tarefa de Deus.

Oportunidades

As oportunidades aparecem de tempos em tempos, determinadas por conjunção de fatores imponderáveis. Tudo se une para realizar determinado evento essencial. Nem se imagina quanto tudo é planejado, até mesmo a situação dos astros e seus fluidos magnéticos...

No entanto, poucos se apercebem disso e, muitas vezes, jogam as oportunidades fora e deixam-nas passar, sem nenhum proveito. Se tivessem noção de quanto são raras e preciosas não as deixariam sem as agarrar com as duas mãos.

Há o exato momento de começar tarefas, rumos e metas. No arquivo divino imponderável, está o começo e o fim de tudo o que acontece. Se te furtas ao começo, necessariamente nunca chegarás ao fim. Há o momento preciso para o início e depois tudo se segue sem pressa, milimetricamente.

A evolução dos seres também se faz com método e harmonia. As oportunidades de melhoria e elevação aparecem para todos. Basta saber se estão dispostos a percebê-las. O espírito atento, esperto e lúcido sabe, por intuição, que aquele é o momento e é como que "empurrado" para dentro do que vai modificar o seu destino.

Oportunidades, repito, são dádivas divinas dadas a cada um segundo os seus méritos e segundo o que se espera seja realizado. Nada é fortuito ou gratuito. A perfeição se manifesta nas mínimas formas de vida.

A cada um será pedida uma tarefa, simples ou grandiosa. Mas, não será apenas utopia ou sonho. Muito esforço precisa ser despendido, e determinação para alcançar objetivos. A ajuda será sempre notória, mas o esforço de cada um é indispensável!

Agarrem as oportunidades de evoluir. Elas são deveras preciosas...

Lucidez

A lucidez de idéias dentro do cérebro é fenômeno nem sempre encontrável entre os homens. A vida conturbada, a presença de horários, obrigações e emoções diversas empanam o que seria de bom alvitre ter sempre: idéias claras.

O homem é atribulado por um repertório grande de idéias que por vezes se desencontram. Os momentos de perfeita serenidade e lucidez de pensamentos são raros. Até nos momentos de oração, há o imiscuir de idéias várias que deturpam a luminosidade do que vai ser expresso. Até nos momentos de estudo, as várias imersões em pensamentos díspares atrapalham o aprendizado.

Só nos momentos de altas abstrações dentro da Física ou Matemática há limpidez cristalina. De resto, o cérebro é depositário, em conjunto, das mais diversas acepções.

Todo ser evoluído sabe direcionar seu pensamento de modo a não ser aviltado por idéias secundárias ou mesquinhas. O que produz é fruto do esforço continuado e disciplina. Até o pensamento se desenvolve com o exercício. Depois é só impulsioná-lo para o lugar certo das cogitações.

Há seres que se comprazem no embalo de idéias envolventes e sedutoras que lhes anestesiam os sentidos. Não se esforçam para expulsar o que lhes prejudica: acabam subjugados. São meros instrumentos nas mãos de outro cérebro que pensa.

A lucidez dos sábios e dos santos não está circunscrita a alguns, todos podem usufruí-la. Basta começar a galgar as escadas do esforço intensivo.

Se nada se alcança sem método e disciplina, a força da vontade é necessária a quem deseja a lucidez.

Temperamento

Será a virtude uma questão de temperamento? Ou o erro uma questão de personalidade? Essas questões sempre têm preocupado o homem. Há espíritos que nascem com predisposição à docilidade e à obediência e outros que já chegam ao mundo com idéias revoltas. Na verdade, essas questões não são atinentes ao corpo físico ou às tendências naturais da matéria, mas são peculiaridades do espírito reencarnante. Quem vem com o caráter bem formado, por exemplo, não se submete aos erros da usura, maledicência, procrastinação dos deveres, cupidez, apropriações indevidas. Aquele que ainda traz no espírito os desejos de usufruir o que não lhe pertence será o futuro dilapidador do patrimônio alheio, a menos que modifique o caráter.

Sempre há oportunidade de receber aconselhamento, diretrizes e visões para que se modifique a conduta. A assistência é devida, não obstante, nem todos a aproveitam. A cartilha da boa conduta é dada, mas, nem todos aprendem a ler por seus estatutos.

Cabe a cada um viver num mundo de confrontos e contradições dentro e fora de si mesmo. A evolução sempre foi um processo difícil e de grandes lutas a superar. Mas, a evidência é que o progresso se faz, embora a duras penas. Apesar dos tropeços e das feridas o homem evolui, mesmo sem se dar conta do seu progresso.

Não nos referimos a traços do temperamento, mas do caráter. A formação da personalidade propõe que ele seja íntegro. Se ele se desvia, deve corrigir-se. É a lei e dela ninguém escapa. A lei não é externa, está dentro de cada homem.

Costumes

Cada civilização traz vestígios dos seus costumes mais arraigados, principalmente os ligados à religiosidade. Há povos com hábitos alimentares, outros ligados às vestimentas. Há alguns unânimes em relação aos costumes sociais, à posição da mulher e aos seus comportamentos desejáveis.

A incerteza conduz certos homens à prisão do ser feminino em rígidos tabus. O uso da venda, por exemplo, é um modo de esconder a esposa do olhar dos demais. São costumes arraigados que permanecem rígidos nas estruturas sociais.

O modo de alimentação também cria tabus. Há povos que jejuam periodicamente, outros se abstém de comer alguns animais que consideram profanos quanto ao modo de ser abatidos. É preciso respeitar as tradições, mesmo que dentro delas ainda haja sinais de ignorância.

A criança aprende a respeitar os costumes do seu clã. Cresce e repassa o que aprendeu. Assim as tradições ganham consistência.

Respeitar os princípios é necessário - assim se formam as nações, mas, aqueles princípios morais que norteiam o caráter são os essenciais e mais difíceis de serem seguidos. Eles formam o homem imortal, livre de pátrias e princípios mesquinhos. Libertam e despertam a criatividade.

Arraigar-se a costumes é desejável para que não haja o desequilíbrio do meio. Mas, libertar a mente é também necessário para que o espírito ultrapasse os seus próprios limites.

Os costumes obrigam. A clarividência liberta. Tudo aquilo que cerceia as ânsias de evolução não é, por certo, um bem desejável. Urge-nos saber escolher entre o provisório e o definitivo.

Em guarda!

Mais do que nunca é preciso manter-se em guarda contra as vibrações de dor e desânimo, medo e preocupação que envolvem o planeta. Se houver sintonia e aquiescência, graves prejuízos podem ocorrer.

Já houve, no passado, situações semelhantes. E os envolvidos sempre foram, não só os próximos às grandes catástrofes, mas também o restante do mundo, sintonizado com os problemas.

É evidente que não podemos nos abster, isolar e permanecer insensíveis às dores. O pensamento elevado opera maravilhas e é sempre bem recebido. Mas entre auxiliar e assimilar a diferença é profunda. Se, por exemplo, queres auxiliar alguém mutilado das pernas, não podes caminhar por ele, nem sentar-se na cadeira de rodas. Precisas dar-lhe ânimo com palavras e vibrações.

Quem sintoniza, geralmente não sabe abstrair-se. Toma, por inteiro o problema em suas mãos, ou sofre junto, todas as manifestações negativas. Sintonizar-se com isenção é muito raro.

O planeta apresenta-se convulsionado. O que afeta uma parte do grande organismo, afeta o todo. Mas não se pode abandonar o corpo cósmico às vibrações decadentes, sofridas, malévolas, revoltadas. O grande segredo é ajudar sem se deixar envolver em vibrações.

Manter-se em guarda é sempre necessário. Não perder o comando do próprio eu. Quem assim procede tem muito mais chance de ajudar. Para repartir coragem é mister ser corajoso. E se pressupomos que mais tribulações hão de vir, é preciso acumular reservas. Quem as gasta por inteiro, nos primeiros dias, depois fica sem oportunidade de ajudar. E precisa ser ajudado...

Redenção

Os espíritos só conseguem a redenção dos seus males quando expurgam as imperfeições que os provocaram. É uma lei perfeita: não há efeito sem causa. Quem deseja ser feliz, deve preparar o terreno da sua alma, afofar a terra, adubá-la com bons propósitos, molhá-la, talvez, com algumas lágrimas. Isso não quer dizer que à lei apraza o sofrimento. É que as lágrimas também podem ser de profunda emoção, ou de júbilo.

Para redimir o peso de algumas faltas é preciso apagá-las com ações contrárias, de amor ao próximo, confiança, devotamento ao bom proceder. A evolução do homem se faz por etapas sucessivas e ninguém escapa ao imperativo do esforço próprio. Ninguém evolui à custa do desempenho do outro. É preciso conscientização do processo evolutivo. As nuvens da ignorância vão se dissipando aos poucos E é também sem pressa que se instalam os alicerces da ventura duradoura. Quando a felicidade é indubitável, chegou o momento de repartir e espalhar sorrisos e bênçãos.

Só aquele que se preenche de certeza e alegria é capaz de promover o bem-estar do semelhante. Ninguém pode dar o que não tem. Ninguém alcança o topo se não se propõe a caminhar. Não existem concessões indébitas. Tudo é merecimento. Ninguém pode estudar e aprender, pelo outro.

A redenção da alma é produto do esforço continuado de cada um. Quem quer, sempre alcança. Então, o primeiro passo é querer ser perfeito, puro, excelso, transparente e amoroso. Daí tudo se realiza e transforma.

Nunca duvides da tua capacidade de criar o teu destino!

Atestado de virtude

Assim como se está a exigir daqueles que ocupam cargos públicos a chamada "ficha limpa", assim também se exige dos homens o atestado de virtude. Ele não está impresso em folhas de papel arquivadas, mas dentro da consciência de cada um. Sem dúvida, esses atestados também fazem parte dos arquivos divinos. Nada passa em branco, ou fica sem registro. Todos os pensamentos e ações ficam indelevelmente impressos no universo.

Parece, à primeira vista, que esses atestados de virtude sejam cobrança dos méritos. Mas eles são apenas estímulos ao progresso. Se nada ficasse marcado, ninguém poderia saber a partir de que ponto evoluiu ou decaiu. Tendo noção do próprio progresso, há mais estímulo para prosseguir na senda do bem. Na verdade, nada se perde. Nem o mais simples gesto de amor é esquecido pelas hostes celestes. A vida é feita de avanços e recuos e estes são apenas pausas para novo avanço. É a lei imutável seguindo o seu curso.

Ninguém está abandonado à própria sorte. Nem o mais ínfimo dos seres se encontra sozinho, sem assistência. E se o bem e o mal estão sujeitos ao livre arbítrio, pode-se notar quão magnânima é a Lei. Estar vivo e consciente é uma grande dádiva, raramente reconhecida. Quantos agradecem pelo dom de existir?

Sem dúvida, atestados de virtude não são cobrados. Eles fazem parte da lenta evolução. Mas, sabendo-se que nada é olvidado, cumpre a todos atingir o estado de plenitude e transparência que capacite a estágios mais avançados. Repito: é bom ser bom. Nunca ninguém se arrependerá de suas virtudes. Elas sempre libertam!

Pátria

Qual é a pátria ideal? Sem dúvida é aquela em que já se nasceu várias vezes. Parece incrível, mas o espírito cria raízes, se afeiçoa e sempre procura o ugar onde se acham os seus entes queridos. Em geral, as famílias escolhem os recantos para viver. E estes têm a doçura do lar.

Após a retirada da veste carnal, o homem retorna à grande pátria do espírito. Esta, também tem as mesmas características da pátria física. É dividida em países, lugares, recantos do coração de cada um. Não é questão de divisionismo; é vibração. Os seres se agrupam de acordo com características mentais e vibracionais. É a lei inevitável da atração. Não há como fugir à imantação natural.

A pátria não é um lugar circunscrito a cada um. Ela vibra em uníssono. É a chamada pátria universal, para os que têm amplitude e estão despertos. Isto quer dizer que o ser evoluído consegue vibrar com os seus semelhantes, em qualquer lugar onde eles estejam situados. A fraternidade é lei que une os seres para o entendimento da sua origem divina. É então que surgem as inevitáveis trocas, em todos os sentidos. E se faz o progresso recíproco.

É natural que o solo em que nasce o teu corpo tenha para ti especial significado. Mas, quantas vezes foste deportado para outras plagas? E te acostumaste tanto que nem saudades sentiste... Pátria é, sem dúvida, um pedaço do coração. Mas quanto mais ela se universaliza, mais se amplia o teu reino. O amor é a ponte de ligação entre todos os povos. E as pátrias, abraçadas, dão a todos o ânimo de que precisam para subsistir.

Retaguarda

Sempre é preciso deixar na retaguarda, os bons fluidos das nossas ações, os bons amigos do nosso sentimento e os frutos do nosso trabalho. Eles não se perdem nem se dissolvem na poeira dos tempos. Lá ficam como testemunho de que somos os vanguardeiros da felicidade que ambicionamos. Deixar no atrás tudo aquilo que praticamos de útil, engrandece-nos o presente. É consolador saber que o esforço não é em vão, que não há desperdícios e que a evolução se cumpre por leis inequívocas.

É melhor semear amigos do que semear riquezas materiais. Estas se perdem ou dissolvem, e os amigos permanecem através das vidas. O que deixamos atrás, sempre volta a nos visitar e traz tudo aquilo que mais rogamos. Quem deixa na retaguarda os seus melhores tesouros, jamais os perde.

No mundo objetivo e materialista de hoje, só tem real valor os bens amoedados. Amor, simpatia, compaixão, estima, solidariedade e fraternidade são quase utopias. Mas existem, sem dúvida, e são transportadas de uma vida para outra; nada se perde.

É muito agradável viver bem e deixar na retaguarda os bens acumulados no espírito. Ninguém imagina como o sentimento cultivado pode ganhar frutos.

Mas, o que mais perdura no presente é a transformação do íntimo, realizada atrás, na lonjura dos tempos. Essa virtude vívida é a que mais beneficia. É um bem inalienável. Portanto, o melhor investimento é, ainda em "ações", não da Bolsa de Valores, mas de nós mesmos. Essas reservas jamais se esgotam, e rendem altos juros.

Tudo que for feito em real benefício do mundo em que vivemos e dos semelhantes, é algo que podemos resgatar. E, garanto, deixar sucesso na retaguarda é colher sucesso no futuro.

Religião

Religião é sempre questão de afinidade com os princípios expostos, e com as pessoas que fazem parte de determinado núcleo. É algo instintivo, que jamais se impõe, mas que tem, sem dúvida, a influência dos pais e do meio. A criança cresce sob o viço de determinados princípios e vai se moldando de acordo com eles. Inútil dizer que essa influência é importante na escolha futura.

Os pais agnósticos, incrédulos, criam filhos no mesmo padrão. Às vezes acontece que pais excessivamente apegados aos credos externos fazem com que os filhos tentem se afastar das imposições religiosas. Mas, sempre é relevante o que o meio-ambiente inculca, em matéria de hábitos e crenças.

Diz-se "quem é bom já nasce feito". É um dito popular. Porém é verdade que o lugar onde o ser se desenvolve exerce suprema influência. Enquanto a matéria está frágil e tenra é possível moldá-la. Depois é muito difícil.

É de bom alvitre aproveitar as tendências inatas, os pendores para qualquer arte. Estes são sempre resquícios do passado remoto. Os dons inatos não devem ser desperdiçados, mas continuados. Quantos talentos precoces se manifestam naqueles que recebem o devido estímulo?

Religião e princípios éticos são sempre a continuidade de algo que já existe dentro do espírito e a afinidade os faz crescer. Os ditames de qualquer filosofia sempre levam à prática do bem. Não importa o rótulo de cada uma...

Portanto, segue a religião ou a doutrina a que mais te inclinas. Essa é sempre a escolha certa, e a que te levará à plena satisfação.

Querer evoluir

Dentro do íntimo de cada mortal, embora às vezes adormecida, está a ânsia de querer evoluir, redimir-se de erros, enxergar longe, ver às claras a dimensão exata de tudo que existe. Esse ideal de perfeição nasce junto com o espírito e se propaga e prolonga no decorrer de todas as experiências vivenciais.

Mesmo o mais torpe dos homens, está apenas em estágio evolutivo e o seu fim é o crescimento psíquico, a visão da sua magnitude. Ninguém nasceu para viver à sombra, à margem; todos anseiam por perfeição.

A vida da humanidade se resume em etapas superadas. Observando as páginas da História vê-se que houve períodos em que aqui aportaram grandes vultos: profetas e filósofos vindos de outras plagas. Cumpriram a sua missão, deixaram o seu recado e partiram. Assim tem sido sempre, em todas as circunstâncias. Ninguém está ao léu, abandonado à própria sorte.

Os que no planeta aportam, provindos de outros planos mais evoluídos, dão o seu recado visando ajudar os homens. Mas, como esta não é a atmosfera necessária à sua sobrevivência, devem partir. Apenas deixam as noções de eternidade e candura.

Vultos masculinos e femininos, todos empossados por Deus, agasalham muito amor e sabedoria no íntimo. Às vezes, são mal compreendidos. Mas, não se importam: dão a sua mensagem.

Querer evoluir é parte intrínseca dos espíritos. Embora não pareça, o destino do homem e do planeta é a glória. Deus nunca falha em seus propósitos.

Represas

Há pessoas que têm em si águas represadas, não se abrem, não se dão, não se alargam. Se os rios têm a qualidade de fluir, e se expandir em benefício das terras, das plantações e dos homens, as pessoas-represas se bastam a si mesmas, se ocultam, se resguardam. Seu profundo intimismo as livra de agressões externas, mas as impede de alargar-se, expandir-se, melhorar a si e ao mundo.

Os homens-represas são sempre impelidos a voltar-se para si mesmos e para os problemas próprios. São o próprio egoísmo a se introverter pelos tempos afora. Dizem que pessoas assim não se desgastam rolando pelas areias do mundo, pois guardam para si as vivências interiores e não se contaminam. Em verdade, algumas dessas manifestações trazem benefícios ao mundo. São as especulações interiores que acabam desvendando alguns mistérios, respondendo a algumas indagações e projetando o nome de grandes sábios ou filósofos..

Mas, de que vale toda a exuberância do espírito se é guardada a sete chaves? Se não beneficiar a ninguém, está de antemão fadada ao fracasso. Aquele que se isola, ou está perturbado mentalmente, ou ainda não compreendeu que a maior lei da vida é a solidariedade. Ele se julga auto-suficiente, não pede ajuda de ninguém e não sabe que a maior alegria é poder contar com um braço amigo, e o caloroso auxílio do seu próximo.

Represas são insalubres e nefastas. Não produzirão enquanto não abrirem canais que lhes permitam escoar o seu interior.

Melhor ser rio e dar-se, inteiro, à celebração da vida.

O ajuste

Sempre haverá ajuste entre os homens, e entre os homens e a lei. O livre arbítrio foi dado a todos os homens, mas das ações há que se prestar contas. Não há um tribunal exterior, mas a consciência embutida dentro do homem, portanto justa e perfeita, igualitária. Ninguém é melhor do que o outro, mas "a cada um será dado segundo as suas obras".

O homem desperto sabe que não está solto no espaço, à deriva de responsabilidades. Ele vive, semeia e colhe: ninguém escapa dessa realidade. Mesmo tendo que prestar contas de suas ações, o homem nota que o plano em que vive ainda contém excessos de violência. Se não houvesse a lei, o que seria? Os compromissos espirituais seguram as mãos do indivíduo.

Ninguém pode, em vão, dar vazão à voz dos seus instintos. Isso seria o aniquilamento total. Em vez disso, o ser humano precisa reciclar e selecionar as suas ações e só expandir aquelas que sejam úteis à humanidade.

Não se exige do homem encarnado uma vida de asceta, nem de monge. Deve viver normalmente. Enquanto estiver na crosta precisa atender às necessidades do corpo e os ditames do espírito, conciliando ambos.

O ajuste final de contas não vem no momento em que as vestes materiais são eliminadas. Ao contrário, deve existir em todos os momentos de lucidez, para que ninguém adormeça no erro.

É importante lembrar que o ser humano é o seu principal juiz. Não é possível escapar da sua sentença ou aprovação. É por isso imprescindível viver em sintonia com o Bem.

Cleptomania

Um dos distúrbios mais comuns da alma é o de querer apossar-se do que não lhe pertence. Desde a criança, até o homem maduro, todos têm tentações nesse sentido, seja por pequenos ou grandes objetos, propriedades ou até o cônjuge do próximo, tudo apetece.

Como desviar-se e evitar cair em erro? Primeiro, tomando consciência do mal, segundo, eliminando o egoísmo. Convém estar cônscio do que é seu e não desejar o alheio. Quando os limites estão bem demarcados, o desejo ilícito desaparece.

Um dos móveis inconscientes desse processo é a inveja. Quer-se para si o que pertence a outrem. Daí vem o desejo errado que às vezes se concretiza em ações.

As prisões do mundo estão cheias de pessoas que tomaram para si os bens alheios. Mas, sabe-se: tudo que é ilegal causa tremendo peso na consciência. A centelha divina, presente no íntimo de todos os homens, faz com que não sejam felizes em usurpar.

Note-se que até mesmo em meio a famílias e laços estreitos existem tentações de cleptomania. São tendências universais, baseadas na ausência de valores éticos.

Para usufruir de certos bens, alguns matam os seus semelhantes. Tornam-se então assoberbados por peso inexcedível que jamais podem carregar. Quando as leis humanas não punem, a consciência acusa e cobra pesados juros sobre aquilo que foi roubado.

Melhor contentar-se com o que é próprio para não carregar uma cruz maior do que os próprios ombros.

Lucidez

Quando o espírito se apossa da lucidez, é capaz de discernir bem o seu caminho. Enquanto as idéias estão confusas, na sombra da indeterminação, há o vacilar dos passos, a incongruência do rumo, a opacidade do caminho a seguir.

No momento em que a lucidez se apossa da mente, todos são capazes de agir com critério e precisão. Parece incrível a diferença de panoramas! Enquanto ofuscado por conceitos errôneos ou fantasiosos, ninguém é capaz de definir a contento os seus objetivos existenciais. À medida em que se deslinda de erros e conceitos dúbios, vai começando a enxergar claramente e esboçar planos de realização imediata.

Quem está obliterado por nuvens de personalismo, geralmente se engana, porque ninguém é o centro do mundo. Enquanto houver erros dentro da visão, será impossível seguir estradas construtivas para si e para os semelhantes. Só quando é possível deslindar-se de si mesmo e ver o mundo ao redor é que há progresso consciente.

As amarras emocionais são sempre muito pesadas. É preciso libertar-se para ter amplo domínio de si mesmo. Sentimentos e inteligência são forças inquestionáveis. No entanto, elas só podem agir quando libertas de emoções pequenas. O egoísmo e as questiúnculas atrasam a evolução e a felicidade completa! Quem quer obter a iluminação e paz – alvo principal de todo vivente - deve primeiro libertar-se dos elos que o prendem. Disponibilidade é essencial, sem liames pesados, amarras e ilusões demasiadas que circunscrevem o voo.

Amar sim, desmedidamente, porém sem sujeitar-se a emoções delimitadoras. Esse é o segredo de evoluir rumo a paisagens amplas. Portanto liberta-te, em primeiro lugar, de tudo que te cerceie a liberdade da lucidez.

Harpa

Na medida em que o espírito evolui, vai mais e mais se assemelhando à harpa tocada pelo vento: é extremamente sensível e pode captar as mais simples vibrações. Vive em sintonia porque sabe coordenar os seus acordes àqueles dos demais e da natureza. É um ser "dentro", capaz de compreender e aceitar, renunciar e servir. Está sempre à disposição do Bem.

Almas assim podem às vezes sofrer mais, quando a lucidez ainda não visitou o seu íntimo. Vibram em sintonia com o próximo e são capazes de captar-lhes os sentimentos dolorosos. Compartilham, e por isso são tão procurados pelos seus semelhantes.

Aqueles que se predispõem a serem mediadores da cura devem também ser harpa, à disposição dos aflitos. As emanações curadoras e as noções de medicamento apropriado são acessíveis a quem possui o espírito aberto dessa forma.

Todos os grandes vultos da História tiveram alto grau de sensibilidade, talvez sem misticismo, mas sempre impregnados do sopro divino. Não foram privilegiados, ao contrário deviam resguardar-se muito mais do que os outros devido à delicadeza espiritual, porém pode dizer-se imprescindíveis à realização de magnas tarefas.

Ser sensível como harpa, dizem, é privilégio das almas femininas. Não é bem isso. Há homens que também assim se parecem: são grandes medianeiros, doadores, apóstolos arraigados ao Bem e esquecidos de si.

Abençoados os seres que conseguem esquecer o próprio eu e ficar à disposição das vibrações elevadas!

Toneladas

Há toneladas de vibrações pesadas no momento, em torno do planeta. Muito custa aos espíritos do Bem realizar a limpeza psíquica. De um modo, ou de outro, os encarnados estão contribuindo para esse fluxo de decepção e medo. Há insegurança no ar. Mas, com certeza, esses eflúvios pesados vão se dissipar.

O que acontece é que a conjunção de certos fatores cósmicos propicia a onda de violência que se espraia. E ninguém fica bem com essa desarmonia. É preciso voltar ao progresso.

Sabe-se que, de tempos em tempos há essas circunstâncias, mas elas sempre foram superadas. É preciso conclamar as pessoas ao equilíbrio, à oração, à vigilância e à paz interior. Quem se deixa envolver, será igualmente abatido. Não persistir em vibrações nocivas é o lema.

As toneladas de fumaça obscurecem a visão e os sentimentos. É preciso encontrar um ponto de paz onde recostar a cabeça. Imagine-se que também aqui, no plano cósmico, todos estejam atarefados com o expurgo e, às vezes preocupados, mas não se abatem.

Não queremos vincular pensamentos negativos, apenas pôr luz na situação, para que todos se empenhem juntos. Sem colaboração é muito difícil a vitória. Precisamos nos dar as mãos e repartir os mesmos propósitos. Não se detenham em pensamentos vazios. Construam a paz.

No momento é preciso o recomendado pelo Mestre: vigilância e oração. Não se esqueçam de ser atalaias despertos e cordatos. A vitória do Bem é certa. Não se atemorizem nunca!

Orquídeas

Orquídeas são flores raras, requintadas em formas e cores. Duram muito e servem ao afago dos olhos famintos de beleza. Em cada país, e diferentes lugares, aparecem como dádivas de Deus. É tão deslumbrante a sua forma, e o colorido de suas pétalas que poderiam mesmo, ser um altar onde se exaltasse as bênçãos divinas.

Há muitas outras flores, mundo afora. Todas são manifestações da graça. Cada fruto é flor, antes de transformar-se em alimento. A consistência eterizada de cada pétala, a suavidade e o perfume são convites à perfeição do homem. Seria necessário imitar a delicadeza delas nos próprios sentimentos. Dessa forma, iriam desaparecer as farpas agudas do ódio, do extermínio,do preconceito, das nefandas manchas da alma involuída.

A natureza inteira é convite à perfeição e renovação. Nem se discute que tudo que foi criado pela perfeição divina leva a Sua marca. Bastaria ao homem olhar uns minutos a natureza inteira, os sóis e as estrelas, os cursos de água, os pássaros, as flores e a própria terra farta e rude para compenetrar-se de que deve atingir o estado de angelitude para o qual foi criado.

Orquídeas são flores de supremo requinte. Assim, também, são certas almas. Impõem-se em sua grandeza pequena e perecível. Tornam-se mais preciosas do que jóias de alto preço. São a expressão do belo sem altivez e se impõem pela graça e delicadeza. Almas assim ficam na lembrança eterna: cativam os ávidos olhos de quem procura Deus. Ele está em cada uma delas, em suprema realeza!

Nascer

Começar-surgir são supremas graças do Criador. O início de uma vida, em sua forma infinitesimal, encerra profundo significado. É um milagre acontecendo! Toda materialidade foi, antes, o pensamento cósmico, abstração. Depois cresceu, dividiu-se, transformou-se, tomou forma, e conteúdo. Do nada insignificante nasce os primórdios de um homem capaz e inteligente, destinado a transformar o mundo.

Nascer é o supremo milagre acontecido, mistério profundo ainda imerso em suposições. Quando se vê a prodigalidade divina, infinitos astros, insetos, flora e fauna, tudo desmesurado, nem se cogita de saber a origem. Tudo é inexcedível e no entanto nasce de um ponto minúsculo, quase perdido no espaço.

Nascer é o retrato mais fiel da fartura e fidelidade do magnânimo poder que rege a criação. Como pode alguém permanecer pequeno e insensível diante das graças? Como pode atrever-se a ser mesquinho, egoísta, ególatra?

A verdade é que o homem perdeu-se de si mesmo, e perdeu o senso de observação. Nem cogita de integrar-se à perfeição do mundo que o cerca. Anestesiou a sensibilidade e a inteligência.

Nascimento é sintonia com um plano divino, perfeito. Desenvolver a alma é a meta maior. E para isso existe: para crescer e colaborar na execução dos planos perfeitos que o regem.

Nada, nem ninguém, nasce apressadamente. Tudo é, milimetricamente planejado. Do minúsculo tremeluzir do que se parece a uma gotícula de orvalho, nasce a flor imponente, o fruto suculento. A vida nasce do nada aparente e manifesta Deus em toda a sua glória.

Resultado

A lei da ação e reação é inconteste. Na Física se vê que todo ponto de origem é, também o começo da volta. Tudo no universo é começo de ação remota. Os pensamentos, mesmo inconsistentes e abstratos, provocam resultados surpreendentes. O hipnotizador não precisa se aproximar: realiza ações através do pensamento e magnetismo.

Os resultados do pensamento são ainda incógnitas para muitas pessoas. Não sabem que têm dentro de si mecanismos de fazer destino. No cérebro nasce e se estabelece a moldagem prévia do concreto. Se os homens soubessem a força das idéias, poderiam extinguir os hospitais tradicionais. As doenças, geradas por idéias, seriam curadas por idéias. Os medicamentos só teriam validade quando acionados por vibrações de cura.

Pensa-se: tudo isso é muito fantástico. De fato, no mundo ultra–materializado atual, nem se pensa na probabilidade de imperar o abstrato. Nem se concebe a existência de ondas mentais propulsoras de ações concretas. O homem atual, na maioria, ainda não acordou para a sua suprema realidade dupla: corpo e espírito. O que ainda prevalece é a certeza do invólucro físico, perecível. Mas, ao se avizinhar do fim das energias materiais, estas enfraquecem e dão azo à percepção de outro mundo, imperceptível antes.

É lamentável que o ser humano precise chegar ao declínio das forças do corpo para entender a sua força interna. Quão diferente seria a sua vida se despertasse mais cedo para o seu poder! Mas, já que tudo acontece no momento certo, confiemos que o homem há de verificar, mais cedo, o resultado de tudo que pensa. Essa usina energética há de acionar tantas maravilhas que ele não mais ficará no vazio de si mesmo. Será energia pura e atuante.

Ser indispensável

Será que alguém no mundo se torna indispensável? Por certo não! Todos fazem parte de uma corrente igualitária e se um dos elos se rompe, o outro logo o substitui e, às vezes, até com melhores resultados.

Essa lei existe para que ninguém se julgue superior aos demais. Há infinitos modos de permitir que a harmonia jamais se quebre. Quando alguém termina uma tarefa em um lugar, logo outra se inicia, algures. É a lei da eterna substituição.

Isso não impede que, enquanto se está em determinado posto ou tarefa, se tente realizar o melhor e o mais perfeito, calcado no amor e responsabilidade. Se todos os homens cumprissem o seu dever com devotamento, jamais haveria falhas. Mas, nem todos assim o fazem, seja por negligência, ou porque não estão preparados para tal.

Foi ensinado que a cada um será dado conforme as suas obras. Não há prêmios indevidos, e desde que se faça o melhor, com sincera devoção ao dever cumprido, a própria consciência tranquila é o melhor prêmio.

Se ninguém é insubstituível, isso leva à reflexão da necessidade da humildade em todos os atos. Muitas vezes o trabalho de alguém foi realizado por uma equipe inteira, na retaguarda. Por que ter orgulho do que nem se deve exclusivamente à própria ação? Melhor reconhecer, no íntimo, a própria pequenez.

Não adiantam atitudes ou palavras de humildade se não expressam o conteúdo interior. Sabendo que ninguém é indispensável, o trabalho será feito com a maestria necessária, e com certeza dará bons frutos.

Resultados

Não importam as grandes confabulações, pensamentos em direção ao alvo, idéias, sentimentos em conflito, raciocínios abstratos, imaterialidade. Na verdade, só importa o resultado de tudo isso, a ação concreta. No mundo da matéria, é só ela que tem significado.

Tudo que se fizer em idealização é válido, mas não remete a nada. Pode-se ter grandes planos de reformar o planeta, mas se não se mexe uma palha no sentido do bem, as ideações fracassam. Não é que apenas acreditamos no que é sensatamente objetivo, porém essa é a única forma de fugir à inércia.

De que valem os planos? Eles só têm valor quando se está no mundo etéreo. Mesmo assim, só "fazendo" é que algo de sublime toma forma.

Embora não pareça, o divino objetivo é modificar as aparências e fazê-las úteis. Imagine se o ideal cósmico nunca se fizesse "presente" na vida dos homens? Eles estariam estagnados em nuvens de fumaça irrealizada. A suprema lei de Deus estabelece metas e as realiza: daí vem o progresso.

Divagações e sonhos, fantasias emocionadas e devaneios são completamente inconsistentes (Até mesmo as forças do Mal só se desencadeiam quando das cogitações nasce a realidade). Essa contingência é inevitável.

Assim sendo, não te detenhas nos sonhos - realiza-os! Para tanto, é preciso trabalho, paciência, determinação e vontade resoluta. Sem essas qualidades, tudo se desfaz em nada. É apenas ilusão!

editora
dionisi